AF590995

Enrico Esposito

# Unione Europea, cooperazione e Mediterraneo

## il Programma "Medina 2030"

EE EDIZIONI

ISBN 978-1-291-62168-9



Foto in copertina: Arch. Raffaele Gorjux

*Foto 1 - Essiccazione delle pelli sui tetti delle abitazioni nella medina di Fès (Marocco)*
*(fonte: archivio dell'Arch. Gorjux)*

*A te,*
*mia perla mediterranea dai capelli corvini,*
*con l'augurio di poterle visitare presto tutte quante, 'ste medine!*

# INDICE

# EXECUTIVE SUMMARY

The rehabilitation of medinas represents a central component of recent political, institutional and scientific debates on sustainable urban development in the Mediterranean area, deeply involving international and local institutions, experts and civil society organisations.[1]

Considered as a peculiarity of the region, the historic centres of southern and eastern Mediterranean cities play a significant role in preserving the cultural and social capital of their hosting countries and in contributing to boost local revenues by attracting tourism activities. However, they have been recently marginalized due to a number of reasons such as a rapid urbanisation, a growing population, the deterioration of the infrastructures, the risk for mass tourism exposure, the lack of local expertise and experience for their protection and development, the inadequate services offered to their inhabitants, etc. To tackle these and other issues, during the last two decades different interventions have been conceived and implemented by multilateral institutions and bilateral assistance programs, recognizing that sustainable development should also include the preservation and balanced valorisation of outstanding historic urban assets.

As outlined in the framework of some recent international conferences, the general limitation perceived about these initiatives is their fragmentary nature (being born under different institutional umbrellas, often uncoordinated). To cope with this problem, the European Investment Bank, in close cooperation with the *Agence Française de Développement*, the World Bank and many other international and local institutions, has created and launched a new program, called "Medinas 2030".

The key objectives of this innovative initiative, still under implementation, are ensuring a deep understanding and synthesis of past experiences on the regeneration of ancient districts and city centres, strengthening the public policies of the Mediterranean partner countries, creating stable partnerships as well as drafting and testing, for effective replicability, new technical and financial mechanisms for the rehabilitation of selected pilot locations.

This research paper, introduced by an analysis of the main issues currently affecting the sustainability of medinas (chapter 1), is structured as follows:

- Chapters 2, 3, and 4 are devoted to the presentation of the intervention framework of selected international players operating in the target area (namely European Union, World Bank and Italian bilateral cooperation), as well as of their most relevant activities and projects implemented in the sustainable urban development and cultural heritage sectors.
- Chapter 5 investigates the "Medina 2030" program: perceived at the beginning as a simple multilateral initiative, it has become a real program with pragmatic objectives, results, activities, governance, and milestones.
- Final considerations (chapter 6) synthesise the results of the research, highlighting the relevance and effectiveness of the "Medina 2030" program: according to Author's opinion, the pursued objectives and established approaches own all the necessary prerequisites for accompanying national and local institutions in the successful design and implementation of sustainable medium-term rehabilitation and development strategies of their medinas.

---

1 Current turmoils happening in the Middle East and North Africa countries will necessary put "medinas" out of the development priorities for an unpredictable period. Nevertheless, it is desirable that all the efforts made for their rehabilitation would not be jeopardised and that the permanent dialogue could be even reinforced.

*Foto 2 - Abitazione tradizionale nella medina di Aleppo (Siria)*
*(fonte: Banca Mondiale - "The urban rehabilitation of Medinas - The World Bank experience in the MENA")*

*Foto 3 - Esempio di "mashrabiya"(dispositivo di ventilazione utilizzato nell'architettura tradizionale dei paesi arabi)*
*(fonte: Banca Mondiale - "The urban rehabilitation of Medinas - The World Bank experience in the MENA")*

# INTRODUZIONE

Per motivi personali, legati alla passione per i viaggi, nonché professionali, derivanti dalla partecipazione ad iniziative di cooperazione svolte nell'ambito di progetti di sviluppo urbano, tutela e valorizzazione del patrimonio culturale e pianificazione del turismo sostenibile, l'Autore ha avuto la possibilità di visitare molti Paesi del bacino del Mediterraneo (Croazia, Egitto, Francia, Grecia, Malta, Marocco, Siria, Spagna, oltre ovviamente all'Italia), apprezzandone notevolmente il comune patrimonio climatico, naturale e storico-culturale, unico nel suo genere.

Tra le tante somiglianze riscontrabili in tutti i paesi rivieraschi, le medine costituiscono da sempre un patrimonio culturale di grande importanza e rappresentano ancora oggi degli spazi ricchi di storie, ricordi e simboli[2].

Negli ultimi cinquant'anni, però, le esigenze derivanti dai processi di "modernizzazione" le hanno circondate di nuovi agglomerati urbani che hanno contribuito notevolmente a modificarne le radicate connotazioni sociali e culturali, senza contare le pressioni del turismo di massa, le operazioni sommarie di conservazione effettuate e il "soffocamento" causato dal traffico delle adiacenti aree di più recente costruzione. Prese nel loro complesso, le medine rappresentano oggi una risorsa storico-culturale di indiscussa importanza, ma sono anche i luoghi in cui vive la gente meno abbiente e le infrastrutture e i servizi pubblici sono più carenti rispetto alle "città nuove".

Di qui l'esigenza, sviluppatasi da più parti, di doverne da un lato salvaguardare l'importanza culturale e, dall'altro, valorizzarne la potenzialità economica per favorire processi endogeni di sviluppo locale a vantaggio della popolazione residente.

Secondo un recente e ricco dibattito tecnico-istituzionale promosso nell'ambito di numerose conferenze internazionali, le diverse esperienze di recupero e "rivitalizzazione" delle medine, susseguitesi negli ultimi due decenni, si sono rivelate alquanto frammentarie e alcune di esse non sembra abbiano addirittura prodotto dei risultati o degli impatti soddisfacenti.

L'ipotesi da cui parte il presente lavoro di ricerca è che, per far fronte a queste problematiche, occorrerebbe uno sforzo congiunto da parte sia delle istituzioni internazionali che dei Paesi che ospitano un patrimonio di tale rilevanza, per cercare di condividere le diverse esperienze e progettare strategie di sviluppo condivise e sostenibili. In questo contesto è apparso dunque opportuno, secondo l'Autore, il lancio di un nuovo programma di "rigenerazione" tuttora in corso, denominato "Medina 2030" che ha, tra i suoi obiettivi, proprio quelli di effettuare una sintesi di tutte le più meritevoli esperienze per favorirne la convergenza, mettere in rete i vari attori e produrre altresì delle strategie comuni e facilmente replicabili nei differenti contesti locali.

Promosso e supportato tecnicamente e finanziariamente da Banca Europea degli Investimenti, Banca Mondiale, *United Nations Educational, Scientific and Cultural Organization* (UNESCO) e numerose altre istituzioni, il programma prevede anche la partecipazione attiva delle istituzioni dei Paesi beneficiari i quali, nonostante le difficoltà derivanti dall'attuale fase di passaggio verso un rinnovato quadro politico-istituzionale causato dalle profonde rivolte messe in atto dalla popolazione, hanno tutto l'interesse affinché l'iniziativa porti a dei risultati concreti e sostenibili e il dialogo permanente con le istituzioni internazionali non si arresti.

Il presente lavoro parte da queste premesse e nel capitolo 1 intende inquadrare l'importanza che rivestono le medine nonché la situazione di degrado cui sono attualmente soggette. Nei

[2] Cfr. Zumbo L., tesi di dottorato in "La cultura storico-giuridica ed architettonica in età moderna e contemporanea nell'area mediterranea" presso l'Università Federico II di Napoli dal titolo:"Gli spazi di relazione delle città del Mediterraneo", 2006.

capitoli successivi (2, 3 e 4) viene in seguito analizzato il quadro istituzionale di intervento di tre istituzioni attive sia nel campo della salvaguardia che della valorizzazione del patrimonio culturale in ambito urbano (ossia Unione Europea, Banca Mondiale e Cooperazione bilaterale italiana), corredato dall'analisi di alcune fra le maggiori iniziative da queste promosse e che, direttamente o indirettamente, hanno riguardato e/o riguardano la "rigenerazione" delle medine. Successivamente, nel capitolo 5, viene fornita un'analisi dettagliata del programma "Medina 2030", di cui si mettono in risalto gli aspetti più operativi e innovativi. Riflessioni e considerazioni conclusive (capitolo 6) chiudono infine l'elaborato.

*Foto 4 - Il centro antico di Jaffa (Israele)*
*(fonte: archivio dell'Autore)*

# 1. LE MEDINE TRA PASSATO, PRESENTE E FUTURO

## 1.1 Cosa sono le medine

Molte città del Nord Africa e del Vicino Oriente hanno centri storici che sono il cuore della civilizzazione araba e generalmente datano la loro fondazione al medioevo. Depositari di formidabili risorse culturali, importanti edifici religiosi e secolari, modelli urbani armoniosi, spazi pubblici interessanti, tradizionali attività commerciali e produttive e interazioni sociali, sono protetti da bastioni e sono caratterizzati come luoghi urbani unici. Ecco cosa sono le "medine".

*Foto 5 - La coesistenza dell'area archeologica e della città moderna di Jerash (Giordania)*
*(fonte: Banca Mondiale - "The urban rehabilitation of Medinas - The World Bank experience in the MENA")*

"Al-Madina" in arabo significa "città" e "Medina" (Arabia Saudita)[3] rappresenta uno dei luoghi santi dell'Islam; le medine devono quindi essere considerate anche come luoghi sacri, sotto la protezione di un santo o "marabut".

Oggi, esse devono essere viste anche in termini di relazioni socio-economiche che hanno sviluppato con le città moderne che si sono sviluppate di fianco ad esse (ad esempio, la maggior parte delle medine è egemonizzata dai "souk", i mercati di prodotti alimentari e artigianali che riflettono le peculiarità di ciascun territorio, gli scambi con le zone circostanti e le relazioni commerciali con il resto del mondo).

Spesso si fa confusione tra "medina" e "casbah"[4]. Nei paesi del Nord Africa, una casbah rappresenta una cittadella fortificata (e non quindi un complesso sistema urbano); mentre se, come spesso succede, il termine casbah viene utilizzato per fare riferimento genericamente al centro storico di una città, fortificato o meno, in questo senso può essere sinonimo di medina.

[3] http://it.wikipedia.org/wiki/Medina.

[4] Il termine casbah deriva dall'arabo "kasabah" (canna), un materiale comunemente usato in passato per isolare i tetti delle abitazioni nelle medine, che in genere erano costruite lungo corsi d'acqua, dove la pianta cresceva in abbondanza. Oggi, la canna è spesso sostituita da teli di plastica, che rovinano la bellezza soprattutto dei "souikas" (vicoli con negozi e bancarelle).

## 1.2 Il degrado attuale

Negli ultimi cinquant'anni, le medine sono state soggette a fenomeni di degrado fisico e sociale, dovuti all'effetto combinato dell'abbandono da parte di una parte della popolazione originaria e la crescita rapida dei quartieri moderni adiacenti: le attività economiche, culturali e sociali contemporanee hanno quindi trovato localizzazione altrove. Quindi, nel momento in cui la popolazione benestante e a medio reddito andava via dalle medine sostituita dalla parte meno abbiente della popolazione (sia urbana che rurale), un equilibrio sociale esistito per secoli finiva, con conseguenze sia sullo stato fisico degli edifici che sulla tenuta della comunità locale stessa.

A questa sostituzione ha fatto seguito anche un aumento esponenziale della densità abitativa: in sostanza si è passati da una famiglia (più ricca) per abitazione ad una famiglia (più povera) per stanza, causando di conseguenza un superamento sostanziale della capacità massima in termini di risorse idriche, di spazi pubblici, etc., e dunque innescando un circolo vizioso per il quale al degrado dell'ambiente urbano ha corrisposto un progressivo impoverimento degli stessi abitanti (peraltro, almeno quelli di estrazione rurale, poco avvezzi ai "doveri" della vita urbana, come ad esempio per il corretto smaltimento dei rifiuti).[5]

Il tutto sostenuto da politiche governative incentrate maggiormente sulla gestione della crescita urbana mediante la realizzazione di infrastrutture e servizi per i nuovi agglomerati (che hanno raddoppiato o triplicato le loro dimensioni in qualche decennio) e la soddisfazione delle "nuove" esigenze dei gruppi sociali residenti nei quartiere moderni: il risultato è che le medine sono rimaste indietro per quanto riguarda soprattutto l'accessibilità ai servizi e la qualità delle infrastrutture di base.

## 1.3 L'importanza sociale, culturale e economica

Le medine, rappresentazione fisica dell'identità sociale e culturale all'origine del mondo arabo, per secoli hanno rappresentato un modello di integrazione di gruppi religiosi, culturali e sociali molto diversi fra loro (in primis musulmani, ebrei e cristiani, come è tuttora evidente ad esempio visitando la medina di Damasco).

Oltre a questo, però, esse racchiudono anche un forte potenziale economico per lo sviluppo locale. In questo senso, il rapporto della Banca Mondiale "*The urban rehabilitation of Medinas - The World Bank experience in the MENA*" (v. par. 3.3) definisce quattro diverse tipologie di "utilizzatori attuali" delle medine verso cui si indirizzano tutta una serie di attività (educative, sanitarie, commerciali, turistiche, culturali e religiose) caratterizzate da specifici prodotti e servizi offerti (v. figura di seguito), che qualsiasi operazione di rivitalizzazione dovrebbe contribuire a valorizzare o comunque tenere in considerazione.

[5] Di qui l'esigenza di "rivitalizzare" le medine, affrontata in diverse iniziative come l'esperienza pilota gestita dall'ADER-Fès (*Agence pour la Dédénsification et Rehabilitation de la Mèdina de Fès*) in Marocco nell'ambito del "*Fès Medina Rehabilitation Project*" finanziato dalla Banca Mondiale (v. anche par. 4.1): nel suo complesso, il programma era nato per contribuire alla conservazione e allo sviluppo della medina di Fès e in particolare del suo patrimonio immobiliare storico e dell'ambiente urbano, sviluppandosi intorno a 5 componenti: (1) attivazione di uno schema di finanziamenti destinati ai privati per la ristrutturazione degli edifici e supporto alla progettazione e istallazione di itinerari turistici basati sulla valorizzazione degli *asset* della medina (in cui l'Autore ha preso parte in qualità di coordinatore); (2) miglioramento dell'accessibilità e della mobilità; (3) miglioramento della raccolta dei rifiuti solidi e diminuzione dell'impatto delle attività tradizionali più inquinanti all'interno della medina (lavorazione della pelle e altro); (4) riabilitazione delle mura di cinta nonché promozione di azioni urgenti nei confronti di abitazioni occupate a rischio di crollo; (5) assistenza tecnica e rafforzamento istituzionale dell'ADER-Fès e creazione di un laboratorio di conservazione e restauro.

| Activities | Products and services | Medina residents | Agglomeration residents | National visitors | International tourists |
|---|---|---|---|---|---|
| Educational | Medersas, schools | | | | |
| Health-care | Health-care centers | | | | |
| Commercial | Basic products | | | | |
| | Specialized products | | | | |
| | Handicrafts | | | | |
| | Fashion products | | | | |
| | Souvenirs | | | | |
| Hospitality | Cafes | | | | |
| | Restaurants | | | | |
| | Boutique hotels | | | | |
| Entertainment | Cinemas | | | | |
| | Gaming halls | | | | |
| | Community centers | | | | |
| Cultural | Museums | | | | |
| | Art galleries | | | | |
| | Cultural centers | | | | |
| Religious | Mosques | | | | |
| **Attractiveness** | | Nil | Low | Moderate | High |

*Figura 1 - Utilizzatori attuali delle medine*
*(fonte: Banca Mondiale - "The urban rehabilitation of Medinas - The World Bank experience in the MENA")*

## 1.4 L'interesse internazionale

La notorietà internazionale delle medine è indiscussa, e la loro attrattività è dimostrata dal volume dei visitatori che ogni anno vi si riversano, rendendo disponibili fonti di reddito dall'estero, legami culturali, opportunità di crescita occupazionale, turismo culturale e esportazioni di prodotti artigianali. A questo proposito, è interessante notare come molte di esse abbiano ricevuto questo riconoscimento dal momento della loro inclusione nella lista dei siti del patrimonio dell'umanità dell'UNESCO, che ne ha riconosciuto l'indiscusso valore in quanto *continuum* storico, urbanistico, ambientale e architettonico tipico dell'area mediterranea.

| Country | Cultural World Heritage Sites | Of which medinas | Medinas classified as WHS |
|---|---|---|---|
| Algeria | 6 | 2 | M'Zab valley (five medinas), Kasbah of Algiers |
| Egypt | 6 | 1 | Old Cairo |
| Iran | 10 | 2 | Esfahan, Bam |
| Israel | 6 | 1 | Acre |
| Lebanon | 5 | 3 | Baalbek, Byblos, and Tyre |
| Libya | 5 | 1 | Ghadamès |
| Morocco | 8 | 6 | Fez, Marrakesh, Meknes, Tétouan, Essaouira, and El Djadida |
| Syria | 5 | 3 | Damascus, Bosra, and Aleppo |
| Tunisia | 7 | 3 | Tunis, Kairouan, and Sousse |
| Yemen | 3 | 3 | Shibam, Sana'a, and Zabid |
| Total | 61 | 25 | |

*Figura 2 - Le medine iscritte nella lista del patrimonio mondiale dell'UNESCO*
*(fonte: Banca Mondiale - "The urban rehabilitation of Medinas - The World Bank experience in the MENA")*

L'interesse internazionale crescente nei confronti delle medine è reso evidente anche dall'ampio dibattito tecnico-istituzionale, come si evince dalle lettura degli atti di alcune importanti conferenze internazionali, tra le quali (oltre ovviamente a quelle promosse dal programma "Medina 2030" che saranno oggetto di specifica analisi, v. par. 5.2), vale la pena ricordare:

1. "Studi storici, disegno urbano e conservazione dei centri storici del Mediterraneo orientale", tenutasi presso la Facoltà di Architettura dell'Università di Genova nel 2000;
2. "*Rehabilitation of historic towns and urban areas*" (Rabat, Marocco, dicembre 2009), organizzato nell'ambito delle attività di supporto istituzionale promosse dal programma UE-Euromed Heritage e con il patrocinio della Direzione del Patrimonio del Regno del Marocco; e
3. "*Urban heritage enhancement in the Mediterranean*" (Arles, Francia, settembre 2008), organizzato dall'UATI (*Union des Associations Techniques Internationales*) insieme ad altre istituzioni tra cui UNESCO, Università Sorbona di Parigi, AFD (*Agence Française de Développement*) e ICOMOS (*International Council on Monuments and Sites*).

## 1.5 La sfida della riabilitazione

Da qui al 2030, circa l'80% della popolazione dei paesi del Mediterraneo sarà urbanizzata e concentrata sul 10% del territorio: il litorale. La sfida è significativa e implica che il futuro sociale e economico della regione si giocherà in gran parte nella gestione delle realtà urbane. In questo contesto, l'attenzione alla gestione sostenibile dei centri città costituisce una risposta essenziale alla crescita incontrollata delle aree urbane.

*Figura 3 - Aree metropolitane del Mediterraneo con più di un milione di abitanti (fonte: BEI - "Medina 2030 Exhibition - the catalogue")*

Negli ultimi due decenni, da quando ossia gli amministratori nazionali e locali e gli urbanisti si sono interessati al tema del recupero delle medine, sono state intraprese numerose operazioni di rivitalizzazione urbana senza tuttavia ottenere risultati e impatti concreti sempre soddisfacenti.

Secondo diversi commentatori[6], le istituzioni internazionali e i governi non si sono dimostrati sempre capaci di formulare e applicare politiche in grado di garantire la riabilitazione e valorizzazione delle medine per diverse ragioni, tra le quali appare doveroso menzionare:

- l'incapacità di sviluppare strategie e strumenti operativi per la conservazione e la riabilitazione del patrimonio;
- le difficoltà concrete nel finanziare e gestire in maniera sostenibile i progetti;
- la mancanza di competenze tecniche;
- la proliferazione dei soggetti responsabili spesso "concorrenti";
- le opere di restauro di alcune aree effettuate soltanto per soddisfare la domanda turistica mondiale alla costante ricerca delle "cose autentiche".

Sulla stessa falsariga, la dichiarazione finale della già citata conferenza tenutasi a Genova nel 2000 constata, insieme ad altri aspetti, che:

- le molteplici e interessanti esperienze di recupero e "rivitalizzazione" (in senso architettonico, economico e sociale), frammentarie e diverse, avrebbero bisogno di un maggiore coordinamento attraverso una cooperazione internazionale più attiva, al fine di accrescerne l'efficacia;
- la lunga esperienza di apporti tecnici dai paesi del mediterraneo settentrionale e dalle organizzazioni internazionali dovrebbe passare ad una nuova fase di rapporti basati su programmi di studio, analisi, ricerca e formazione comuni e condivisi.

Queste considerazioni sembrano essere state recepite a distanza di pochi anni dal programma "Medina 2030", che racchiude questo insieme di esortazioni in quanto rappresenta un'iniziativa congiunta di diverse istituzioni internazionali, con l'attiva partecipazione di specialisti e attori provenienti dal sud del Mediterraneo, che mira a far rinascere i centri storici delle medine attraverso lo studio congiunto di soluzioni e prospettive a lungo termine e lo scambio costante di buone pratiche per la loro riabilitazione, preservandone da un lato il carattere culturale e favorendo dall'altro una vita economica e sociale di qualità non solo ad appannaggio dei turisti ma anche e soprattutto delle popolazioni residenti.

*Foto 6 - La copertina della guida dei circuiti turistici tematici della medina di Fès (Marocco) (fonte: archivio dell'Arch. Gorjux)*

[6] V. ad esempio l'opinione dell'urbanista giordano R. Daher inclusa negli atti della già citata conferenza "*Rehabilitation of historic towns and urban areas*" tenutasi a Rabat nel 2009.

*Foto 7 - L'ingresso del centro storico di Tunisi (Tunisia)*
*(fonte: Banca Mondiale - "The urban rehabilitation of Medinas - The World Bank experience in the MENA")*

*Foto 8 - La medina di Fès (Marocco)*
*(fonte: archivio dell'Arch. Gorjux)*

# 2. SVILUPPO URBANO E PATRIMONIO CULTURALE SECONDO L'UNIONE EUROPEA

## 2.1 Il contesto delle attività di cooperazione

La cooperazione regionale dell'Unione Europea (UE) nel bacino del Mediterraneo si è sempre mossa con l'obiettivo di creare un'area di stabilità e prosperità funzionale allo sviluppo armonioso e pacifico dei territori sia del nord che del sud.[7]

Fra il 1972 e la fine degli anni Ottanta, l'allora Comunità Economica Europea sviluppò essenzialmente rapporti bilaterali, favorendo la creazione di "Accordi di Cooperazione" con i singoli paesi[8]. Nel 1995 i forti cambiamenti dovuti al crollo dell'Unione Sovietica si tradussero nel progetto multilaterale chiamato Partenariato Euro-Mediterraneo (PEM).

### Il Partenariato Euro-Mediterraneo

Uno dei primi risultati raggiunti fu l'organizzazione della "Prima conferenza euro-mediterranea dei Ministri degli affari esteri" tenutasi a Barcellona nel 1995[9]. Essa mirava ad istituire un partenariato globale al fine di trasformare il Mediterraneo in uno spazio comune di pace, di stabilità e di prosperità attraverso il rafforzamento del dialogo politico e lo sviluppo di un partenariato non solo economico e finanziario, ma anche sociale e culturale, da realizzare attraverso l'impiego di fondi europei. I 27 paesi partecipanti adottarono un dettagliato programma di lavoro, che prevedeva la preparazione, negoziazione e firma di specifici "Accordi di Associazione" regolanti il rapporto tra l'UE con ciascuno dei paesi beneficiari.

Il principale strumento finanziario dell'UE all'interno del PEM fu il MEDA (*MEsures D'Accompagnement financières et techniques*), istituito nel 1996 e conclusosi nel 2006, che dava priorità al sostegno per (1) la crescita economica sostenibile e il miglioramento delle condizioni di competitività ai fini della realizzazione di una zona di libero scambio e (2) il consolidamento degli equilibri socio-economici dei paesi beneficiari, con l'obiettivo di alleviare nel breve periodo i costi della transizione economica attraverso l'adozione di misure e politiche sociali adeguate. Altri aiuti di carattere finanziario provenivano dalla Banca Europea per gli Investimenti, e in particolare dal Fondo Euro-Mediterraneo di Investimento e Partenariato (operativo dal 2002), a cui si rimanda nelle pagine successive per l'importanza che riveste nell'ambito del presente lavoro di ricerca.

Dal 2000 in avanti, sia le carenze manifestate dal Processo di Barcellona sia i mutati scenari in vista dell'allargamento dell'UE ai paesi dell'Europa centro-orientale spinsero l'UE di nuovo verso relazioni maggiormente bilaterali attraverso la Politica Europea di Vicinato (PEV)[10].

---

[7] Su questo paragrafo in generale v. "Bilancio e prospettive della cooperazione euro-mediterranea", R. Aliboni e S. Colombo, 2010 e "L'Unione per il Mediterraneo e la cooperazione tra Unione europea e paesi del Mediterraneo", G. Trupiano, 2010 (presentato durante le lezioni del Master).

[8] V. La politica mediterranea dell'Unione Europea: quali sfide e prospettive", L. Piccinetti.

[9] V. anche la "Strategia comune dell'UE per il Mediterraneo" definita dal Consiglio Europeo del 19 giugno 2000.

[10] Secondo alcuni commentatori, infatti, il Processo di Barcellona ha avuto un successo soltanto parziale: basti pensare che ha tenuto un solo incontro di vertice nel 2005, che contro i conflitti della regione è riuscito a fare poco, che il tema della difesa dei diritti dell'uomo non ha ricevuto un adeguato interesse, che l'attuazione della zona di libero scambio (prevista entro il 2010!) si è rivelata essere un'ipotesi irrealistica e che le riforme attuate hanno rispettato soltanto in parte le attese in relazione allo sviluppo economico locale e alla continua espansione demografica dei Paesi MEDA. Di contro, è indubbio che la PEM abbia raggiunto risultati positivi in diverse aree: dialogo politico permanente, aumento della cooperazione e benefici ad esempio nei settori dell'ambiente, dei trasporti, dell'energia, dell'istruzione e della cooperazione sociale e culturale.

## La Politica Europea di Vicinato

La PEV[11] è un'iniziativa lanciata dall'UE nel 2003[12] a guida della Commissione Europea, e tuttora vigente. L'idea alla base è che sicurezza e stabilità dell'UE siano legate a quelle dei propri vicini dell'Est, del Caucaso e, per quello che interessa ai fini della presente ricerca, del Sud (Algeria, Autorità Nazionale Palestinese, Egitto, Giordania, Israele, Libia, Libano, Marocco, Siria, Tunisia). L'esigenza per l'UE di creare una zona di prosperità, stabilità e sicurezza in un contesto di relazioni privilegiate con i paesi limitrofi è vista sotto diversi profili: (1) economico, a favore della libera circolazione delle persone, delle merci, dei servizi e dei capitali, nonché per l'attuazione di riforme strutturali e per la gestione efficiente delle reti energetiche e delle telecomunicazioni; (2) sociale, per lo sviluppo di maggiori contatti culturali transfrontalieri e la riduzione della disoccupazione, della povertà, dell'esclusione sociale e delle carenze democratiche; (3) di sicurezza, per il contenimento dei rischi ambientali e nucleari e il contrasto all'immigrazione clandestina e alla criminalità organizzata.

Per far fronte a questa sfida l'UE ha proposto a questi paesi una forma di cooperazione politica e di integrazione economica: in cambio della riforma dei propri sistemi politico-economici e di una progressiva armonizzazione legislativa e regolamentare con l'UE, questi paesi ricevono assistenza finanziaria, la possibilità di partecipare ad alcuni aspetti del mercato unico e ad alcuni programmi comunitari e la liberalizzazione degli scambi commerciali. La PEV si basa sui Piani d'Azione, documenti politici siglati tra UE e singoli paesi vicini in cui vengono elencate le priorità della cooperazione tra le due parti e le riforme che i paesi vicini devono attuare, basati su dettagliati Country Reports preparati dalla Commissione Europea.

L'attuazione dei Piani d'Azione si avvale di un dispositivo finanziario specifico denominato ENPI (*European Neighbourhood and Partnership Instrument*)[13] che, con una dotazione di circa 11 miliardi di euro per il periodo 2007-2013, ha di fatto sostituito il MEDA[14]. Il finanziamento UE copre le spese per le azioni di preparazione, esecuzione, monitoraggio e valutazione delle diverse misure concordate nei Piani d'Azione.[15]

*Foto 9 - La medina di Fès vista dall'area di "Bab Makina" (Marocco)*
*(fonte: archivio dell'Arch. Gorjux)*

[11] http://ec.europa.eu/world/enp/policy_en.htm.

[12] V. la "Comunicazione della Commissione sull'Europa allargata" del 2003.

[13] www.enpi-info.eu.

[14] Tra i vari programmi di interesse per l'area mediterranea, degno di nota è l'"*ENPI Cross Border Cooperation Mediterranean Sea Basin Programme 2007-2013*" (ENPI-CBC MED), il cui obiettivo è contribuire a promuovere un processo di cooperazione armoniosa e sostenibile nel bacino del Mediterraneo affrontando le sfide comuni e valorizzando le potenzialità dell'area e in complementarietà con le altre azioni previste nell'ambito del partenariato euro-mediterraneo.

[15] Nonostante gli sforzi, secondo alcuni commentatori anche la PEV sembra camminare con difficoltà verso il raggiungimento dei suoi obiettivi a causa essenzialmente delle finalità troppo numerose e di contenuto troppo poco concreto, anche se l'introduzione dell'ENPI si è rivelato un fattore positivo al fine di renderla più sostenuta finanziariamente.

Nel 2008, a causa di diverse problematiche che segnalavano come il processo di Barcellona fosse in forte crisi[16], si è assistito al varo dell'Unione per il Mediterraneo (UPM)[17], che rappresenta un'iniziativa principalmente politica e intergovernativa volta a intensificare le relazioni multilaterali su temi di interesse regionale ben specifici.

## L'Unione Per il Mediterraneo

A Parigi, nel luglio del 2008, viene istituita formalmente l'UPM[18], un organismo intergovernativo con l'obiettivo concreto di avvicinare ulteriormente i rapporti fra le nazioni che si affacciano sul Mediterraneo. Le nazioni che ne fanno parte sono 44: i membri dell'UE, i paesi già membri del PEM (Albania, Algeria, Egitto, Giordania, Israele, Libano, Marocco, Mauritania, Siria, Tunisia e Turchia più l'Autorità Nazionale Palestinese) e un gruppo di nuovi membri (Bosnia-Erzegovina, Croazia, Montenegro e Principato di Monaco).

Riprendendo gli scopi istitutivi e gli aspetti positivi del PEM cercando di superarne le lacune, l'obiettivo dichiarato è la promozione della cooperazione tra le due sponde del mare interno, dando particolare priorità a sei iniziative concrete di interesse regionale e sub-regionale:

1. il disinquinamento del Mediterraneo;
2. la costruzione di autostrade marittime e terrestri per migliorare le fluidità del commercio fra le due sponde;
3. il rafforzamento della protezione civile;
4. la creazione di un piano solare comune;
5. lo sviluppo di un'università euro-mediterranea (già inaugurata a Portorose, in Slovenia); e
6. un'iniziativa di sostegno alle piccole e medie imprese (PMI), la *Mediterranean Business Development Iniziative*.

Il finanziamento dei progetti non giungerà da un fondo *ad hoc* ma da diverse fonti, che includono: cooperazioni bilaterali degli Stati membri UE, allocazioni della Banca Europea degli Investimenti, ENPI, contributi di paesi terzi, banche regionali, altre istituzioni finanziarie internazionali e organismi regionali, settore privato, etc.[19]

Iniziato nel 1995, il PEM è stato dunque integrato dalla PEV (2003) e dall'UPM (2008). Le tre iniziative presentano una certa continuità per quanto riguarda le finalità generali, anche se si differenziano profondamente per gli approcci, la composizione, la governance, le fonti di finanziamento e gli strumenti di intervento.[20]

---

[16] Come ad esempio la considerazione degli Stati Membri che fosse uno strumento bilaterale non "politico" in quanto sottostamte alla guida "tecnica" della Commissione Europea, o anche l'emersione di nuovi centri di potere economico forti a livello mondiale come la Cina, l'India e il Brasile che starebbero causando un nuovo processo di marginalizzazione del Mediterraneo.

[17] www.euromedi.org.

[18] La proposta di creazione dell'UPM era stata proposta da Sarkozy alla fine del 2007 e nel marzo 2008 il Consiglio Europeo aveva approvato il progetto ergendolo al rango di "iniziativa comune europea".

[19] In generale, l'UPM ha determinato reazioni molto diverse: favorevoli sicuramente da parte dei paesi europei rivieraschi come Francia, Italia, Spagna e Malta, in cui è forte l'idea di uno spazio culturale e, anche, la soluzione del problema dell'immigrazione clandestina; meno favorevoli sono la Germania (che avrebbe preferito un'intensificazione della PEV senza fissare rapporti stretti attraverso un organismo che comprende regimi non sempre democratici e che pone altresì dei problemi di coordinamento e sinergia con le iniziative dell'UE in corso) e la Turchia (scettica in quanto teme un rallentamento o addirittura un palliativo alla sua adesione all'UE). Più generale è il timore di istituire un'ulteriore organizzazione burocratica che abbia a disposizione fondi limitati e interessi, non solo economici, contrastanti tra loro. Dal canto loro, i paesi della sponda sud non sembrano particolarmente favorevoli all'UPM a causa delle loro ostilità reciproche, dagli ostacoli derivanti dal forte divario economico tra i paesi interessati, del problema concreto di dover di volta in volta reperire i fondi sufficienti ad attuare i progetti e del troppo squilibrio a favore dell'Europa.

[20] Per un'analisi del "Processo di Barcellona" dal 1995 ad oggi v. il rapporto del *Forum Euroméditerranéen des Instituts de Sciences Économiques (*FEMISE), "*The Euro-Mediterranean partnership at the crossroads*" (novembre 2010).

## 2.2 La Banca Europea degli Investimenti

Per l'importanza che riveste nelle relazioni euro-mediterranee e l'impulso che sta dando al programma "Medina 2030", appare interessante presentare l'attività istituzionale della Banca Europea degli Investimenti (BEI) e il suo braccio operativo nell'area mediterranea, il Fondo Euro-Mediterraneo di Investimento e Partenariato (FEMIP).

### La BEI

La BEI[21] è stata creata nel 1958 dal Trattato di Roma come istituzione di finanziamento a lungo termine delle istituzioni comunitarie avente la missione di sostenere gli obiettivi politici dell'UE offrendo prestiti per investimenti. Da allora ha finanziato progetti attuati negli Stati membri, nei Paesi candidati e nei Paesi partner dell'UE per un totale di quasi 800 miliardi di euro. Pertanto, non solo eroga prestiti all'interno dell'UE per progetti conformi agli obiettivi comunitari ma finanzia anche iniziative che sostengano la cooperazione e lo sviluppo nei territori di Paesi terzi. Più specificamente, al di fuori del territorio dell'UE la BEI opera in oltre 150 Paesi al fine di contribuire all'attuazione delle politiche di cooperazione esterna e di sviluppo dell'UE.

La BEI riveste il duplice ruolo di istituzione europea e di banca. Pur operando nel quadro dell'UE, gode di autonomia finanziaria e dispone di un capitale di 232 miliardi di euro sottoscritto dagli Stati membri dell'UE in qualità di azionisti. La BEI si finanzia raccogliendo gran parte delle risorse necessarie per l'erogazione dei prestiti sui mercati internazionali dei capitali, dove è possibile ottenere fondi a lungo termine emettendo obbligazioni e altre tipologie di titoli[22].

I clienti della BEI sono organismi del settore pubblico e imprese private. I grandi progetti, con costi superiori a 25 milioni di euro, beneficiano di prestiti diretti. Le iniziative di piccole e medie dimensioni e i progetti concernenti infrastrutture su scala più ridotta sono finanziati attraverso linee di credito istituite di concerto con banche nazionali e regionali operanti direttamente sul mercato locale. Di norma, i prestiti erogati dalla BEI non superano il 50% del capitale necessario per la realizzazione di un determinato progetto.

La BEI, fornendo anche risorse a tassi favorevoli, incoraggia altri istituti di credito e finanziatori pubblici e privati a partecipare ai progetti. In alcuni casi, ove questo accresca il valore aggiunto a sostegno delle politiche dell'UE, la BEI è disposta ad assumersi un rischio di credito superiore a quello di un'organizzazione finanziaria commerciale.

Nell'area mediterranea, oggetto della presente ricerca, lo strumento specifico messo in atto dalla BEI è il FEMIP.

### Il FEMIP

Vista l'ingente quantità di prestiti che la BEI aveva erogato fin dal 1974 ai Paesi partner del Mediterraneo, nel 2002 si è pensato di creare un apposito fondo che operasse proprio nella concessione di prestiti e finanziamenti a questi paesi, che sono Algeria, Autorità Nazionale Palestinese, Egitto, Giordania, Israele, Libano, Marocco, Siria e Tunisia.

Il FEMIP[23] mette dunque a disposizione l'intera gamma di servizi proposti dalla BEI per assistere lo sviluppo economico e l'integrazione dei paesi della sponda sud e est del Mediterraneo: svolge quindi un ruolo chiave nell'ambito della strategia delineata a Barcellona nel 1995 e dei suoi "successori".

---

[21] www.eib.org.

[22] La BEI rappresenta il principale emittente non sovrano sul mercato obbligazionario dell'UE.

[23] www.eib.org/projects/regions/med/about/index.htm.

Se il suo obiettivo è di supportare la modernizzazione e l'apertura dell'economia dei paesi partner del Mediterraneo promuovendo anche un maggiore dialogo tra tutti gli attori del settore istituzionale, privato e della società civile, le sue attività si focalizzano su due aree principali: sostegno finanziario al settore privato e ad iniziative locali di sviluppo economico e formazione di un ambiente favorevole agli investimenti diretti e indiretti.

In particolare, nell'ambito delle iniziative locali di sviluppo economico, il FEMIP sostiene: progetti infrastrutturali, investimenti per lo sviluppo delle risorse umane e iniziative per la tutela dell'ambiente.

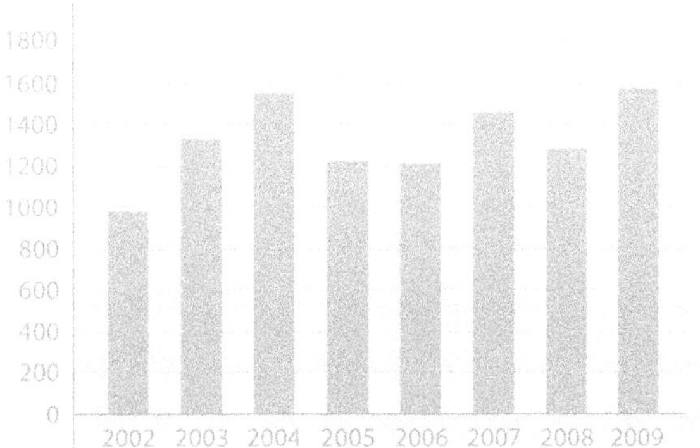


*Figura 4 - Tendenza annuale dei fondi FEMIP in milioni di euro (fonte: BEI)*

Per raggiungere questo scopo gli strumenti più frequentemente utilizzati sono i seguenti:

1. prestiti a lungo termine destinati a progetti di grandi dimensioni e prestiti globali accordati al sistema bancario locale che potrà cosi accordare prestiti a lungo termine alle PMI locali;
2. *private equity* (apporto di capitale di rischio in società e imprese con alto potenziale di sviluppo e con capacità di generare flussi di cassa costanti e altamente prevedibili); e
3. assistenza tecnica.

Dalla sua data di lancio e fino al dicembre 2009, il FEMIP ha investito circa 10 miliardi di euro nei nove paesi partner attraverso il finanziamento di 143 progetti finalizzati alla modernizzazione e all'apertura dell'economia dei paesi partner; ha inoltre mobilizzato 25 miliardi di euro aggiuntivi grazie alla promozione del progetto verso altri istituti e banche.

È interessante notare anche come, nel corso della riunione congiunta dei Ministri dell'Economia e delle Finanze europei (ECOFIN) e dei funzionari FEMIP tenuta nell'ottobre 2008 a Lussemburgo, la BEI abbia ricevuto il mandato di svolgere un ruolo chiave di coordinamento in quattro iniziative prioritarie dell'UPM (delle sei totali), ossia:

- il "disinquinamento del Mediterraneo", che consiste nello sviluppare un programma di investimenti comprendente una serie di progetti in partenariato con il settore privato;
- il "piano solare mediterraneo", finalizzato al coordinamento di programmi e progetti di investimento atti a promuovere l'utilizzo diffuso di fonti energetiche alternative;
- le "autostrade marittime e terrestri", a sostegno della creazione di piattaforme logistiche all'avanguardia per lo sviluppo di un efficiente e integrato sistema di trasporti;
- il sostegno alle PMI tramite la partecipazione alla *Mediterranean Business Development Initiative* [24].

---

[24] Il coinvolgimento del FEMIP nei progetti prioritari dell'UPM è diventato uno dei principali punti di attività della BEI nella regione: nel 2009, l'80% delle sue operazioni di finanziamento rispondeva a priorità stabilite dall'UPM. Tale ruolo si è ulteriormente rinforzato, come riportato da una brochure pubblicata dalla BEI del dicembre 2010 dal titolo "*Union for the Mediterranean - Role and Vision of the EIB*"e da un protocollo d'intesa siglato dalle due istituzioni nel Gennaio 2011 per stabilire una sempre più stretta collaborazione nel Mediterraneo mediante l'attuazione di strategie comuni per rafforzare le

Inoltre, nell'ambito del FEMIP è stato sviluppato anche un fondo fiduciario, istituito nel 2004 e concepito come un fondo multi-donatore e multi-settore. Per il periodo 2011-2013 esso si concentra su sette settori prioritari, oltre ad un consueto *Internship Programme*. Tra queste priorità è stato inserito il settore dello "sviluppo urbano sostenibile", tra cui spicca il supporto al programma "Medina 2030".

*Foto 10 - Il quartiere storico di Darb al-Ahmar del Cairo visto dal parco dell'Al-Azar (Egitto) (fonte: archivio dell'Arch. Gorjux)*

Il FEMIP collabora continuamente anche con la Commissione Europea, con l'obiettivo di massimizzare le sinergie tra i prestiti della BEI e le risorse messe a disposizione dal bilancio dell'Unione (ENPI), attraverso il sostegno per il raggiungimento di obiettivi condivisi. Allo stesso modo, il FEMIP mantiene stretti rapporti con le istituzioni finanziarie internazionali e bilaterali, attraverso la firma di diversi protocolli d'intesa e lettere di intenti. Ad esempio, nel 2004 la BEI, la Commissione Europea e la Banca Mondiale hanno firmato un memorandum d'intesa volto a rafforzare il coordinamento delle loro attività nei paesi partner del Mediterraneo tramite una serie di attività congiunte (operazioni di finanziamento, riunioni di coordinamento, conferenze e cooperazione a livello locale tra gli uffici esterni delle tre istituzioni). Altre iniziative svolte in partenariato sono:

- Il *Centre for Mediterranean Integration* di Marsiglia (v. par. 3.20), progettato per sostenere la riforma delle politiche pubbliche in settori chiave per lo sviluppo nei paesi partner e nel quale la BEI, in qualità di membro fondatore, contribuisce a orientare tre dei programmi concordati: "Logismed", "Promuovere l'innovazione nel Mediterraneo" e "Medina 2030".

reti politiche e commerciali esistenti e accrescere gli investimenti del settore privato. Il protocollo si basa su sei azioni: (1) maggiore condivisione delle informazioni; (2) promozione dei progetti prioritari dell'UPM per facilitarne il finanziamento e l'attuazione; (3) collaborazione nell'elaborazione di studi e ricerche per promuovere una migliore conoscenza della regione; (4) miglioramento della visibilità e maggiore sensibilizzazione degli stakeholders sui progetti dell'UPM; (5) supporto al networking tra business community e UPM ad opera della BEI; (6) supporto tecnico costante all'UPM da parte di esperti della BEI distaccati presso il segretariato.

- Il Memorandum d'intesa dell'agosto 2005 siglato tra BEI, Commissione Europea e Banca Africana di Sviluppo, volto a migliorare l'efficacia della loro collaborazione nel sostenere programmi di sviluppo nei paesi africani (tra cui quelli mediterranei), co-finanziando progetti a favore dello sviluppo del settore privato e della cooperazione regionale, della riduzione della povertà, e delle riforme macroeconomiche e di riduzione del debito.
- La lettera di intenti firmata nel maggio 2005 tra la BEI e le EDFI (*European Development Finance Institutions*)[25] che operano nel Mediterraneo per promuovere il co-finanziamento di progetti nel settore privato e il miglioramento del coordinamento istituzionale e tecnico.
- L'accordo di cooperazione del dicembre 2005 (rinnovato nel 2010) tra BEI, AFD e *Entwicklungsbank* (KfW, la banca di sviluppo tedesca), finalizzato a favorire operazioni di co-finanziamento reciproco tra le tre istituzioni e una maggiore condivisione delle informazioni per un più efficace monitoraggio e impatto dei progetti.

## 2.3 Le iniziative promosse per lo sviluppo delle aree urbane

Prima del lancio dell'iniziativa "Medina 2030", la salvaguardia e la valorizzazione dei centri storici non rappresentavano una priorità *per sé* nel quadro delle politiche di sviluppo promosse dalle istituzione europee in ambito mediterraneo. Si può però affermare che tale tematica abbia comunque rappresentato un'importante componente nell'ambito di politiche e strategie più ampie relative, ad esempio, alla protezione del patrimonio culturale tangibile e intangibile, alla governance degli enti locali, al miglioramento degli spazi urbani e delle condizioni di vita delle popolazioni residenti, al dialogo interculturale[26], etc.

Come evidenziato da un recente rapporto elaborato dall'*Inter-Service Group on Urban Development* promosso dalla Commissione Europea e composto da numerose Direzioni Generali[27], la dimensione urbana nelle politiche di sviluppo dell'UE verso i Paesi terzi, prendendo spunto dall'esigenza di coniugare l'elevata e spesso incontrollata crescita dei centri urbani con la messa in azione di criteri di pianificazione, gestione e governance sostenibili, si sostanzia essenzialmente intorno ai seguenti assi principali:

1. risanamento, ricostruzione e costruzione di infrastrutture urbane, con particolare riguardo a quelle sociali, di base e commerciali;
2. riduzione dei rischi, prevenzione delle catastrofi, salvaguardia ambientale e *climate change* mediante la realizzazione di azioni di supporto istituzionale e legislativo, educazione e sensibilizzazione, pianificazione territoriale, etc.;
3. miglioramento dell'ambiente fisico e dei servizi in ambito urbano (approvvigionamento idrico, gestione corretta del ciclo dei rifiuti, miglioramento delle condizioni negli agglomerati urbani informali, sviluppo della rete di trasporti, salvaguardia e valorizzazione del patrimonio culturale, etc.);
4. governance locale, partecipazione dei cittadini, responsabilità dei governi locali, etc.
5. assistenza allo sviluppo delle micro, piccole e medio imprese.

Nell'ambito delle diverse aree prioritarie delineate, secondo il rapporto sopraccitato[28], il restauro, la conservazione e la valorizzazione di siti di interesse storico-culturale rientrano a

---

[25] Associazione delle istituzioni bilaterali che forniscono supporto finanziario a lungo termine al settore privato nelle economie emergenti e in transizione.

[26] A tal proposito è utile notare che dal 2002 è operativa la Fondazione euro-mediterranea Anna Lindh per il Dialogo tra le Culture con sede ad Alessandria d'Egitto, che ha l'obiettivo di facilitare l'azione della società civile della regione euro-mediterranea sostenendo finanziariamente una serie attività transnazionali in settori che includono: istruzione e ruolo dei giovani, cultura e belle arti, convivenza pacifica, religione e spiritualità, città e migranti, media (www.euromedalex.org).

[27] "*The urban dimension in European Union policies*" (pubblicato nel giugno 2010 a cura della *DG Regional Policy*).

pieno titolo sotto il terzo asse: dunque l'UE, mediante programmi specifici relativi al patrimonio culturale, mira a supportare la salvaguardia e lo sviluppo *anche* delle aree storiche in ambito urbano. Nell'area mediterranea, la ricchezza del patrimonio culturale sia materiale che immateriale è non solo considerata un elemento fondamentale delle politiche e strategie di sviluppo ma anche uno strumento essenziale della diversità come condizione principale del dialogo interculturale. In questo ambito, diversi programmi sono stati elaborati e implementati nel corso degli ultimi 10-15 anni, tra cui spiccano i seguenti:

- MED'ACT (2003-2006).
- MED PACT (2006-2009).
- CIUDAD (2009-2013).
- Euromed Heritage (1998-2012).

La caratteristica comune di questi programmi è che tutti hanno promosso o continuano tuttora a promuovere attività cd. "soft" (scambi, buone pratiche, analisi, ricerche, studi, linee guida, formazione, sensibilizzazione, etc.), mentre il programma "Medina 2030", pur partendo dai medesimi presupposti e incorporando tali attività nelle proprie azioni, ha comunque l'obiettivo ultime di promuovere interventi "fisici" sul tessuto urbano per la salvaguardia e lo sviluppo delle città del Mediterraneo sud-orientale.

### Dai programmi MED'ACT e MED PACT al programma CIUDAD[29]

Uno degli obiettivi principali del processo di Barcellona era quello di avvicinare i popoli del Mediterraneo e sviluppare una migliore comprensione tra essi, in particolare attraverso lo sviluppo degli scambi tra istituzioni locali e società civile. La promozione della buona governance e la migliore gestione delle aree urbane (storiche e di recente costruzione) vengono quindi da subito inserite tra le linee strategiche principali delle politiche di sviluppo dell'UE: i programmi MED'ACT, MED-PACT e CIUDAD sono nati nell'ambito di queste priorità.

La consapevolezza circa la mancanza di un programma *ad hoc* di cooperazione decentrata per le città euro-mediterranee ha dato il giusto impulso affinché venisse ideato ed eseguito il programma MED'ACT (*Mediterranean Europe Development Action of Cities and Towns*)[30], sviluppatosi tra il 2003 e il 2006. Con il sostegno finanziario del MEDA, MED'ACT mirava a sviluppare la cooperazione decentrata tra le autorità locali mediterranee su due tematiche principali, la cultura e l'ambiente, mediante l'individuazione di interessi comuni, la diffusione di buone pratiche, la facilitazione di contatti e scambi di esperienze, la formazione di risorse umane abili nel gestire interventi di sviluppo locale, etc.

Dal 2006 al 2009, il MED'ACT è stato sostituito dal programma MED-PACT (*Local Authorities Partnership Programme in the Mediterranean*)[31], finanziato sempre dal MEDA con circa 5 milioni di euro. L'obiettivo principale del programma è stato quello di favorire una migliore comprensione tra la società civile del nord e del sud del Mediterraneo attraverso lo sviluppo di attività di cooperazione e di scambio nonché di un tavolo di dialogo permanente. Tra gli obiettivi specifici, garantire uno sviluppo locale più equilibrato e sostenibile creando partenariati tra città e promuovere una migliore pianificazione e gestione del territorio in un'ottica il più possibile partecipativa. Le azioni prioritarie hanno riguardato tre settori particolari, ossia:

---

[28] Cfr. anche la "Strategia per lo sviluppo del patrimonio culturale Euro-Mediterraneo: priorità 2007-2013", pubblicata dalla Commissione Europea nel 2007 a seguito di un esteso processo di consultazione degli attori interessati.

[29] www.enpi-info.eu/mainmed.php?id=310&id_type=10,

[30] V. il rapporto di valutazione stilato dalla società CultureLab: www.culturelab.be/en/achievements/7/editions.

[31] www.med-pact.eu.

1. supporto nell'analisi e nella definizione di strategie e processi di pianificazione urbana sostenibili;
2. assistenza tecnica per l'attuazione di specifiche politiche di sviluppo, legate in particolare al settore turistico, alla protezione ambientale, alla valorizzazione del patrimonio culturale, alla gestione delle risorse naturali, al trasporto e alla mobilità e all'integrazione e inclusione delle fasce deboli della popolazione; e
3. rafforzamento della governance locale, in particolare in ambito istituzionale, legislativo, amministrativo e finanziario, mediante attività di assistenza tecnica e formazione del personale.

Nel 2006, sulla base delle suddette priorità, è stato predisposto un invito a presentare proposte da parte degli attori pubblici locali dei paesi mediterranei, mediante il quale sono stati selezionati nove progetti transnazionali ammessi a cofinanziamento.

Tra essi, uno in particolare ha toccato il tema della riabilitazione dei centri storici, nell'ambito di una serie di più ampie attività legate al concetto di innovazione e sostenibilità in ambito urbano: il progetto "ARCHIMEDES"[32], promosso e coordinato dal Comune di Venezia in partenariato con le città di Istanbul (Turchia), Beirut (Libano), Genova (Italia), Bordeaux (Francia), El Mina (Libano) e Oran (Algeria).

Iniziato nel gennaio 2007 e concluso nel dicembre 2008, il progetto intendeva:

- stabilire partenariati di lunga durata fra città europee e mediterranee e rafforzare quelli già esistenti;
- promuovere modelli di sviluppo locale più bilanciati e più sostenibili basati su un approccio strategico partecipativo;
- scambiare conoscenze e strumenti tecnico-metodologici per la definizione, promozione e implementazione di processi integrati di pianificazione urbana;
- sostenere l'implementazione di particolari politiche urbane per la rigenerazione urbana e lo sviluppo turistico e la valorizzazione del patrimonio culturale.

*Figura 5 - Logo del progetto ARCHIMEDES*
*(fonte: Comune di Venezia)*

Le attività svolte dal progetto hanno riguardato:

- creazione, in ogni città del Mediterraneo sud-orientale, di gruppi di lavoro locali;
- preparazione di analisi costi-benefici atte a definire le priorità per gli interventi di riqualificazione;
- costituzione di tre gruppi di lavoro comuni su tematiche quali: (a) beni culturali e sviluppo economico, (b) rigenerazione urbana e (c) pianificazione strategica del turismo;
- sviluppo di progetti pilota di rigenerazione urbana e sviluppo economico a beneficio di determinate aree delle città del Mediterraneo sud-orientale, utilizzando metodologie trasferibili a contesti simili.

Per quanto riguarda quest'ultimo aspetto, sono stati sviluppati quattro progetti pilota di rigenerazione urbana pronti per essere attuati, ossia:

---

[32] www.comune.venezia.it/flex/cm/pages/ServeBLOB.php/L/IT/IDPagina/7588.

- Istanbul - miglioramento del potenziale turistico del distretto di Han.
- El Mina - piano strategico per la promozione turistica della medina di El Mina.
- Beirut - riqualificazione urbana nel quartiere Zaqaq el-Blat.
- Oran - rivitalizzazione del centro storico attraverso la valorizzazione del suo patrimonio storico e architettonico.

Nel giugno 2010, il Programma MED-PACT si è concluso con una conferenza finale, che ha presentato i risultati dei nove progetti cofinanziati i quali, visti nel loro insieme, hanno contribuito a creare partenariati stabili su tematiche precise di interesse comune delle città rivierasche. Durante la stessa conferenza, le istituzioni europee coinvolte hanno sancito il passaggio ufficiale del testimone presentando il nuovo programma CIUDAD (*Cooperation In Urban Development And Dialogue*)[33], che ha a disposizione, per il periodo 2009-2013, un budget di circa 14 milioni di euro.

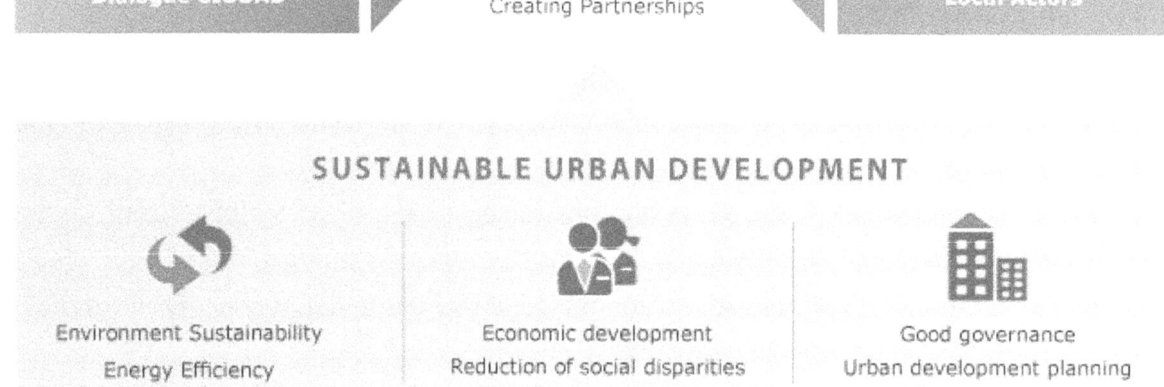


*Figura 6 - Schema di sintesi del programma CIUDAD (fonte: Programma CIUDAD)*

Il programma mira a rafforzare la governance e lo sviluppo sostenibile mediante il supporto ai governi locali della regione ENPI nella gestione delle problematiche relative allo sviluppo urbano sostenibile, promuovendo la cooperazione tra gli attori locali e i loro omologhi dell'UE[34]. Esso mira anche a creare nuove collaborazioni tra autorità locali e regionali nella regione ENPI (partenariati Sud-Sud, Est-Est e Sud-Est) nonché a rafforzare quelle esistenti, ponendo le basi per benefici di lungo termine oltre la durata del programma stesso.

Le azioni supportate dal programma includono:

- la promozione del concetto di sviluppo urbano sostenibile dell'UE nella regione ENPI[35];
- la creazione di partenariati tra le autorità locali;

[33] www.ciudad-programme.eu.

[34] I paesi partecipanti della sponda sud-est del Mediterraneo sono: Algeria, Egitto, Israele, Giordania, Libano, Marocco, Territori Occupati Palestinesi, Siria e Tunisia.

[35] Cfr. la pubblicazione della Commissione Europea "Promuovere lo sviluppo urbano sostenibile in Europa" dell'aprile 2009 che, oltre a stilare un bilancio delle esperienze maturate nell'ambito dell'iniziativa comunitaria URBAN dai primi progetti varati a partire dal 1989, propone anche una serie di esempi concreti e raccomandazioni ribadendo altresì il principio fondante dello "sviluppo urbano integrato" promosso dall'UE, ossia la necessità di inserire ogni progetto urbano in una strategia di sviluppo più globale per la città prefiggendosi obiettivi precisi e sostenibili.

- il rafforzamento della capacità delle autorità locali e il coordinamento tra i livelli locali, regionali e nazionali di governo;
- l'identificazione e la formulazione di appetibili progetti di sviluppo urbano sostenibile da parte delle autorità locali, suscettibili di successivo finanziamento da parte di organizzazioni internazionali o banche di sviluppo regionali o internazionali.

Sulla base delle *lessons learned* del suo predecessore, CIUDAD mira al raggiungimento dei suoi obiettivi mediante la selezione e il cofinanziamento di specifici progetti di cooperazione scelti a seguito di un invito a presentare proposte indirizzato agli attori pubblici e della società civile locali, lanciato a fine 2008. Circa 20 progetti[36] sono attualmente in esecuzione. Essi incentrano su una vasta gamma di iniziative che riflettono gli obiettivi e le azioni di CIUDAD e in particolare si concentrano su tre priorità tematiche, ossia:

- sostenibilità ambientale e efficienza energetica;
- sviluppo economico sostenibile e riduzione delle disparità sociali;
- buon governo e pianificazione sostenibile dello sviluppo urbano.

I progetti sono implementati da partenariati misti costituiti da diverse tipologie di organizzazioni (autorità locali, università, organizzazioni non governative e altri enti interessati alle questioni dello sviluppo urbano sostenibile). Inoltre, così come previsto anche dal MED-PACT, una struttura specializzata di assistenza tecnica agisce in nome e per conto delle istituzioni europee a sostegno dell'attuazione del programma offrendo supporto ai beneficiari delle sovvenzioni, controllando i progressi dei rispettivi progetti e garantendone la diffusione dei risultati e relativa visibilità nell'ambito delle reti regionali e cittadine già esistenti.

In questi progetti diverse sono le tematiche affrontate: gestione idrica, efficienza energetica, mobilità urbana, gestione dei rifiuti solidi, integrazione delle minoranze e dei gruppi svantaggiati, buon governo, politiche per l'impiego locali, etc. Il tema della riqualificazione dei centri storici, legato ai più ampi concetti di corretta pianificazione urbana, salvaguardia del patrimonio culturale e sviluppo del turismo sostenibile, è inserito, pur se indirettamente, in tre progetti specifici:

- "*New Medina - from pilot towns to sustainable towns, reinventing new towns*", coordinato dal *Syndicat d'agglomeration nouvelle de Marne-La-Vallee Val Maubuee* (Francia) in partnership con Touiza Solidarité (Francia), *European New Towns Platform* (Belgio), Regione Lazio (Italia), e le città di Tangeri (Marocco), Algeri (Algeria) e Cairo (Egitto). Il progetto prende spunto dalle problematiche emerse in seguito allo sviluppo delle città di nuova costruzione, che pure hanno rappresentato e rappresentano ancora una priorità dei governi di molti paesi mediterranei negli ultimi 20 anni per soddisfare le esigenze della popolazione in rapida crescita: immagine negativa, problemi ambientali, mancanza di coesione sociale e degrado delle infrastrutture. Sulla base dell'esperienza europea post-Seconda Guerra Mondiale, il progetto intende sviluppare approcci adeguati e linee guida urbanistiche che possano coniugare in modo sostenibile il bisogno di alloggio della popolazione in crescita con una migliore qualità della vita, dando priorità al rispetto dell'ambiente e al coinvolgimento delle popolazioni nelle scelte di sviluppo dell'ambiente urbano.
- "*EUMED Cities - EuroMed Cities Network on Good Local Governance*", gestito dall'*Ajuntamento de Barcelona* in collaborazione con la *Fundacion Socio-Cultural Ibn Batuta* (Spagna); *Saint Joseph University of Beirut* (Libano), *Government and Public*

[36] La lista completa è disponibile presso il sito internet www.enpi-info.eu/mainmed.php?id=21342&id_type=1.

*Policies Institute* (Spagna) e le città di Fès e Tangeri (Marocco) e Ghobayré (Libano). Il progetto, partendo dall'esperienza positiva della città di Barcellona, pone l'accento sulle necessità di rigenerazione urbana delle tre città di Fès, Tangeri e Ghobayré attraverso azioni pilota e attività formative utili a sviluppare un approccio partecipativo ai fini di uno sviluppo economico, sociale e comunitario basato sul miglioramento delle condizione di tutti gli abitanti, in particolare di quelli più vulnerabili.

- "*Save WHL Cities War Free World Heritage Listed Cities*", promosso dal *Council of the United Municipalities of Jbail* (Libano) in consorzio con la città di Mtskheta (Georgia), *World Association for the Protection of Tangible and Intangible cultural Heritage in Times of Armed Conflicts* - WATCH (Italia) e l'*Old City Rehabilitation and Development Fund* (Georgia). Il focus del progetto è rappresentato dalle città di Byblos (Libano) e Mtskheta, entrambe presenti sulla lista del patrimonio mondiale dell'UNESCO e recentemente devastate da conflitti armati (causa di notevoli danni alle società e economie locali e all'immagine internazionale); in sostanza il progetto intende sviluppare capacità locali per progettare politiche adeguate di salvaguardia e per preparare e attuare efficaci piani di gestione dei rischi (*risks and crisis management plans*).

### EUROMED Heritage

Euromed Heritage[37] è un programma di cooperazione regionale creato dalle istituzioni europee nell'ambito del PEM che ha l'obiettivo di supportare iniziative congiunte dei Paesi dell'UE e del Mediterraneo sud-orientale per la valorizzazione del rispettivo patrimonio culturale (tangibile e intangibile) in un'ottica di risorsa economica e di sviluppo sociale. Infatti, già durante la Conferenza di Barcellona del 1995, al patrimonio culturale venne riconosciuta la caratteristica di essere un concreto campo d'azione per il rafforzamento della dimensione sociale, culturale e umana della partnership euro-mediterranea.

Il programma, inaugurato nel 1998 e ancora in corso, ha stanziato circa 60 milioni di euro per il cofinanziamento di progetti transnazionali ideati da istituzioni e enti impegnati nella conservazione e valorizzazione del patrimonio culturale. In particolare, le priorità del programma hanno riguardato e riguardano tuttora:

- la creazione di elenchi e inventari del patrimonio culturale mediterraneo;
- la promozione di scambi di esperienze e buone pratiche e la messa a disposizione di assistenza tecnica specialistica;
- la definizione di diverse modalità atte a trasformare il patrimonio culturale in un catalizzatore di attività economiche;
- la promozione e la diffusione della conoscenza, anche attraverso l'uso di nuove tecnologie;
- la messa a disposizione di una struttura e di un network per l'interscambio di esperienze.

Nello specifico, dal 1998 il programma si è articolato in quattro diverse fasi:

1. *Euromed Heritage I* (1998-2002): si è sviluppato in circa venti progetti realizzati da reti di partner privati e pubblici e focalizzati sulla salvaguardia di saperi e tecniche locali riguardo a manufatti e tradizioni popolari nonché sulla valorizzazione e promozione di siti archeologici e edifici storici.
2. *Euromed Heritage II* (2002-2005): ha cofinanziato circa dieci progetti maggiormente legati alle necessità di creare canali per la divulgazione della conoscenza e di incrementare la capacità nei paesi mediterranei per la conservazione, la gestione e lo sviluppo del

[37] www.euromedheritage.net.

patrimonio culturale, elaborando azioni formative, di *capacity building* e *networking* a favore di attori locali con il supporto di istituzioni nazionali ed organismi internazionali.

3. *Euromed Heritage III* (2005-2008): ha perseguito i medesimi obiettivi della fase precedente cofinanziando ulteriori quattro progetti di assistenza tecnica.

4. *Euromed Heritage IV* (2008-2012): la fase attuale del programma rappresenta un passo ulteriore in avanti verso il riconoscimento della cultura come fattore di coesione e di intesa reciproca fra i popoli della regione mediterranea, in quanto intende facilitare la conoscenza adeguata della propria eredità nazionale e la comprensione adeguata di quella regionale attraverso un migliore accesso all'istruzione e alla conoscenza. Ad oggi sono in corso di realizzazione più di dieci progetti che vanno dal restauro e conservazione di beni culturali alla promozione di mostre e festival, sino alla collaborazione tra centri di ricerca per agevolare la mobilità di studiosi del settore.

Le fasi I, II e III sono state finanziate dal MEDA, mentre la fase IV è attualmente supportata dall'ENPI con circa 17 milioni di euro.

*Figura 7 - Loghi del programma Euromed Heritage*
*(fonte: programma Euromed Heritage)*

*Foto 11 - Piazza centrale all'interno della medina di Fès (Marocco)*
*(fonte: Banca Mondiale - "The urban rehabilitation of Medinas - The World Bank experience in the MENA")*

*Foto 12 - Il "souk" nella medina di Damasco (Siria)*
*(fonte: archivio dell'Autore)*

# 3. LA STRATEGIA DELLA BANCA MONDIALE

Sebbene per le sue dimensioni e la sua complessità rimanga la forma di cooperazione più rilevante nella regione, il partenariato euro-mediterraneo e le sue diverse evoluzioni e strutture non sono ovviamente l'unico attore attivo nell'area.

Tra le varie istituzioni che rivestono un ruolo importante sono da citare sicuramente le diverse Agenzie o Istituti Specializzati delle Nazioni Unite, spesso operanti soltanto a livello di cooperazione settoriale a favore di singoli paesi, come l'*United Nations Environment Programme* (UNEP) attraverso il *Mediterranean Action Plan*, o le attività di protezione del patrimonio dell'UNESCO, o anche importanti cooperazioni bilaterali (su tutte quella francese e quella tedesca).

Probabilmente, l'agenzia dell'ONU più attiva a livello pan-mediterraneo nel coniugare azioni di conservazione ad attività dirette allo sviluppo economico locale, è la Banca Mondiale (BM)[38]. Questa istituzione, fondata nel 1944 a seguito degli accordi di Bretton Woods per finanziare la ricostruzione dei paesi europei e del Giappone (devastati dalla seconda guerra mondiale), non è una banca nel senso comune del termine; è piuttosto un ente che oggi fornisce assistenza finanziaria e tecnica per lo sviluppo dei Paesi nel mondo. L'obiettivo statutario è quello di combattere la povertà mediante interventi sostenibili e duraturi, provvedendo a fornire risorse, condivisione di conoscenze, capacità costruttive e supporto alla creazione di partenariati pubblico-privati in settori quali educazione, sanità, amministrazione pubblica, infrastrutture, sviluppo del settore privato, gestione delle risorse agricole e ambientali, sviluppo urbano, etc.

## 3.1 La *Middle East and North Africa region*

La *MENA* (*Middle East and North Africa*) *region*[39], così come identificata dalla BM, è una regione che include sia le economie ricche di petrolio del Golfo sia paesi che possiedono un prodotto interno lordo alto (Israele), medio (Libano, Oman, Libia), medio-basso (Marocco, Algeria, Tunisia, Egitto, Giordania, Siria, Iran, Iraq), e basso (Yemen, Gibuti)[40].

Dato che circa il 23 per cento dei 300 milioni di abitanti[41] vive con meno di 2 dollari al giorno, l'obiettivo principale degli interventi della BM è migliorare la qualità della vita delle popolazioni attraverso la messa a disposizione di servizi di analisi, consulenza e credito. I principali interventi integrati nel programma della BM a breve e lungo termine in questa regione riguardano, tra gli altri, i seguenti settori: cambiamento climatico, educazione, energia, ambiente, settore finanziario, politiche di genere e partecipazione femminile al mercato del lavoro, governance & settore pubblico, salute, sviluppo del settore privato, sviluppo rurale, commercio e trasporti, sviluppo urbano, risorse idriche, etc.

In risposta alla crisi finanziaria e economica iniziata nel 2008, e nonostante la regione nel suo complesso ne abbia risentito in misura minore rispetto alle economie più sviluppate perché meno finanziariemente "interconnessa", la BM ha intensificato i suoi sforzi per ridurre drasticamente la povertà[42]. Ad esempio, i prestiti impegnati sono aumentati da 1,6 miliardi di dollari nell'anno fiscale 2009 a 3,5 nel 2010, mentre il sostegno è aumentato di circa il 25% sotto forma esclusivamente di sovvenzioni. Sempre come conseguenza della crisi, la BM ha

---

[38] www.worldbank.org.

[39] http://go.worldbank.org/1JVC0DGRS0.

[40] http://geo.worldbank.org.

[41] Tutti i dati nel presente paragrafo sono tratti dal sito internet ufficiale della BM e sono aggiornati al mese di Ottobre 2010.

[42] http://go.worldbank.org/R3LK0SGRM0.

condotto numerosi studi sulla povertà, sullo status dello sviluppo del settore privato, sulle dinamiche migratorie e dell'integrazione regionale, fino a una serie di *brief reports* incentrati sull'impatto della crisi e le sfide a lungo termine nei temi più disparati.

Così come la BEI, la BM collabora a pieno ritmo con altri donatori bilaterali e multilaterali, banche regionali di sviluppo e istituzioni finanziarie non solo per sostenere maggiormente i paesi della regione, ma anche per sviluppare una serie di iniziative a livello regionale. In questo ambito, la BM ha aperto dal 2004 un centro di ricerca a Marsiglia, in Francia, denominato *MENA Knowledge Networks Agency* (KNA)[43], che dal 2009 è stato inglobato nel *Centre for Mediterranean Integration*, già citato nella parte riguardante il FEMIP (v. par. 2.2), che forma oggetto di analisi del prossimo paragrafo.

## 3.2 Il *Centre for Mediterranean Integration*

### Le prime esperienze del KNA

Nato in risposta alla crescente domanda proveniente dai paesi MENA di servizi di formazione e assistenza per il miglioramento delle competenze e delle conoscenze in molteplici settori, l'ufficio tecnico KNA[44] aveva il compito di individuare tale domanda, proveniente dalle più disparate istituzioni operanti nei paesi MENA (città, governi regionali, università, camere di commercio, centri di formazione, etc.) e incanalarla nell'organizzazione di attività di aggiornamento e apprendimento[45].

Nella sua fase iniziale, il KNA ha operato essenzialmente nelle tematiche legate a sviluppo urbano, urbanistica e governance locale, grazie al supporto di un team di esperti tecnici e consulenti permanenti. Uno dei maggiori risultati è stata la creazione dell'*Europe-MENA Network*[46]: un sito internet in tre lingue (arabo, inglese e francese) creato come vetrina per tutte le attività svolte dalla rete sviluppata grazie agli interventi del KNA nell'ambito dello sviluppo urbano[47]. Oltre a presentare la rete e i suoi partner, il sito ha lo scopo di promuovere tutte le azioni svolte, i risultati conseguiti, nonché capitalizzare e condividere la rete di esperti, esperienze e cooperazione. In sostanza, uno spazio privilegiato per la riflessione e la condivisione di azioni volte ad affrontare problemi comuni di gestione urbana, come ad esempio: formazione appropriata di rappresentanti eletti e dirigenti locali, supporto ai comuni partner nell'identificazione, valutazione e attuazione di progetti di sviluppo urbano e di cooperazione decentrata.

### Il CMI

L'esperienza del KNA e dell'*Europe-MENA Network* hanno avuto un'importante conseguenza: quella di rafforzare le sinergie tra i programmi della BM, dell'UE e di altre istituzioni nell'area mediterranea[48]. Per questo motivo, nel 2009 è stato creato (con sede presso l'ufficio del KNA di Marsiglia amministrato dalla BM) il *Centre for Mediterranean Integration* (CMI), patrocinato oltre che dalla BM e dalla città di Marsiglia anche dalla BEI e dai governi di Francia, Egitto, Giordania, Libano, Tunisia e Marocco in qualità di membri

---

[43] Con il sostegno tecnico e finanziario del Comune di Marsiglia.

[44] http://go.worldbank.org/JCIVP9PIR0.

[45] Il KNA e il CMI sono partner del *Global Development Learning Network* (GDLN).

[46] www.euromedina.org.

[47] Secondo la KNA, una delle grandi sfide degli enti locali è quella della rapida espansione urbana. Il numero degli abitanti delle città sta crescendo molto rapidamente in tutto il mondo, e in particolare nei paesi in via di sviluppo. Le autorità locali si trovano di fronte alla crescente domanda di servizi pubblici come edilizia, trasporti, acqua e servizi igienici. Queste sfide sono particolarmente rilevanti nella regione MENA, dove le popolazioni dei centri urbani sono in crescita esponenziale (dal 40% della popolazione totale nel 1970 ad oltre il 70% in alcuni paesi oggi).

[48] Cfr. il parere negativo circa le sinergie BM-BEI espresso dal Bank Information Center (www.bicusa.org) secondo il quale non è apprezzabile un'alleanza fra due istituzioni aventi obiettivi statutari sostanzialmente differenti (la BM mira a sradicare la povertà, la BEI a supportare finanziariamente le politiche economico-commerciali della UE).

fondatori[49]. Il CMI rappresenta un'innovativa piattaforma di ricerca, scambio e cooperazione che ha lo scopo di facilitare la condivisione delle conoscenze e delle esperienze tra istituzioni pubbliche e private dell'area mediterranea, al fine di migliorarne ulteriormente le capacità di elaborazione e adozione di politiche sostenibili e spingerle verso una maggiore integrazione. I promotori partono dal presupposto che le sfide dello sviluppo nella regione del Mediterraneo siano sempre più complesse e abbiano a che fare con una notevole interdipendenza in molteplici settori: per questo motivo il Centro tenta di offrire una piattaforma comune per discutere di queste sfide, condividere le conoscenze e rafforzare le capacità locali, nazionali e regionali.

Non solo i membri, ma anche altri partner possono promuovere, collaborare alla progettazione e guidare l'esecuzione di specifici programmi assicurandone un finanziamento adeguato[50]. Le aree di impegno del CMI comprendono cinque tematiche per un totale di circa quindici programmi incentrati su[51]: sviluppo urbano e territoriale, tra cui l'iniziativa "Medina 2030"; sviluppo sostenibile e prevenzione del cambiamento climatico; trasporti e logistica; sviluppo delle competenze, occupazione e mobilità del lavoro dei giovani; economia della conoscenza, sostegno all'innovazione e alle piccole e medie imprese.

*Foto 13 - Bassorilievi di elevato pregio nella medina di Fès (Marocco)*
*(fonte: archivio dell'Arch. Gorjux)*

Il CMI è istituito per un periodo sperimentale di tre anni (2009 - 2012), trascorsi i quali una valutazione indipendente fornirà gli elementi per decidere in merito alla forma e ai contenuti

---

[49] www.cmimarseille.org.

[50] Ad oggi tra questi si annoverano, tra gli altri: AFD, *Cities Alliance, Medcities,* FEMISE, *Global Environment Facility (*GEF*), United Nation Environment Programme/Mediterranean Action Plan (*UNEP/MAP*), Mediterranean Universities Union (*Unimed*), EU Directorate General for Education and Culture, European Training Foundation (*ETF*), International Labour Organization (*ILO*), International Organization for Migration (*IOM*), Organisation for Economic Co-operation and Development (*OECD*)*, etc.

[51] www.enpi-info.eu/mainmed.php?id=19787&id_type=1.

da dare alle attività future. Dotato di una struttura flessibile di coordinamento delle numerose attività, il Centro ha il suo organo principale nel Consiglio di Orientamento Strategico, composto da dodici eminenti personalità della società civile e degli ambienti istituzionali dei paesi del nord e sud del Mediterraneo.

La creazione del CMI ha un carattere innovativo da più punti di vista: da un lato, perché riunisce gli operatori interessati alle tematiche dello sviluppo nel Mediterraneo e mette in rete il loro impegno; dall'altro, perché evita inutili doppioni, raggruppando competenze molto diverse e complementari: finanziatori (europei, multilaterali e bilaterali), istituzioni dei Paesi partner responsabili dell'elaborazione e gestione delle politiche pubbliche, reti di università e enti di ricerca, Agenzie Specializzate delle Nazioni Unite e organizzazioni rappresentative del mondo produttivo e delle collettività locali. Si tratta, in sostanza, di una ventina di partner che partecipano, operando come "rete di reti", alla realizzazione di programmi di ricerca e assistenza tecnica.

Infine, ed è forse l'aspetto più importante, i Paesi del bacino mediterraneo meridionale e orientale (attualmente cinque) possono partecipare a pieno titolo non soltanto all'individuazione e elaborazione delle iniziative ma anche alla loro realizzazione, fattore che conferisce al partenariato rappresentato dal CMI una dimensione più equilibrata.

## 3.3 La riabilitazione delle medine

Dal 1970 ad oggi la BM ha finanziato in tutto il mondo circa duecentoquaranta programmi interamente dedicati o inerenti la conservazione e valorizzazione del patrimonio culturale, per un investimento totale di circa 4 miliardi di dollari.

Gli obiettivi perseguiti riguardano essenzialmente tre aspetti:

- assicurare la conservazione dei beni più importanti del patrimonio culturale attraverso l'elaborazione di politiche e misure di salvaguardia relative a monumenti, spazi pubblici, edifici privati e beni tangibili e intangibili;
- promuovere lo sviluppo economico locale attraverso la promozione dell'artigianato, delle attività culturali e dell'industria turistica;
- ridurre l'isolamento sociale e soddisfare i bisogni basilari della popolazione povera residente in aree di interesse storico-culturale attraverso investimenti strategici focalizzati sul miglioramento delle condizioni abitative, sull'accesso alle infrastrutture di base e ai servizi pubblici, e sulla creazione di posti di lavoro.

Per quanto riguarda l'area MENA, nel 2001 la BM ha elaborato una strategia dal titolo "*Cultural Heritage and Development: A Framework for Action in the Middle East and North Africa*"[52] che, oltre ad evidenziare la rilevanza del patrimonio culturale ai fini dello sviluppo economico e sociale, riconosceva uno speciale significato alle città storiche, depositarie di un eccezionale significato in termini di storia, tradizioni e memoria.

In questo ambito, più recentemente (maggio 2010), la pubblicazione "*The urban rehabilitation of Medinas - The World Bank experience in the Middle East and North Africa*"[53] rappresenta un interessantissimo strumento di sintesi delle politiche, delle strategie e dei programmi di assistenza tecnica e finanziaria ai governi della regione promossi dalla BM nel settore della salvaguardia e valorizzazione dei centri storici mediterranei in circa trent'anni di attività.

[52] M. M. Cenea: http://go.worldbank.org/OED7BMST00.

[53] A.G. Bigio e G. Licciardi: http://go.worldbank.org/5VARHR75L0 e http://go.worldbank.org/1HGXFY6EN0.
La preparazione della ricerca è stata finanziata anche dalla cooperazione italiana attraverso l'"*Italian Cultural Heritage in Sustainable Development Trust Fund*" (v. par. 4.1).

*Foto 14 - Attività commerciali in un souk della medina di Fès (Marocco)*
*(fonte: archivio dell'Arch. Gorjux)*

Secondo il rapporto, l'esperienza della BM nella riabilitazione delle medine si basa su due assunti principali:

- anche se presenti in paesi oggetto di rapida urbanizzazione e modernizzazione[54], le città storiche continuano a ricoprire un ruolo fondamentale per la presenza di aspetti e tradizioni culturali, spirituali e religiose e per le arti e i mestieri tradizionali che ospita;
- le città storiche stanno assumendo sempre più un ruolo centrale nell'ambito dei nuovi e più grandi agglomerati urbani, e, nel rispetto e preservazione dei bisogni delle popolazioni locali legati ai servizi urbani e abitativi, esse possono diventare volàno per lo sviluppo locale in quanto attrattiva per il turismo culturale (sia nazionale e internazionale).

Il rapporto, oltre a presentare gli aspetti salienti circa il valore storico, il degrado attuale e l'importanza della salvaguardia delle medine, effettua un'accurata panoramica dei programmi implementati dalla BM ponendo un forte accento su alcuni aspetti strategici e metodologici da tenere necessariamente in considerazione nell'identificare e attuare progetti di riabilitazione sostenibili[55]. Questi sono:

- le necessità di supportare le istituzione pubbliche, private e del terzo settore nel garantire sostenibilità agli interventi (ad esempio, (a) rafforzare il quadro istituzionale e della governance urbana non solo a livello locale ma anche nazionale soprattutto in riferimento alle azioni in ambito legislativo e regolamentare che possano facilitare e autorizzare interventi di riabilitazione coniugando preservazione del patrimonio e valorizzazione degli spazi pubblici con le esigenze di corretta pianificazione urbana e infrastrutturale, di utilizzo del suolo e di rispetto dei diritti di proprietà, (b) migliorare gli strumenti finanziari

[54] Cfr. a tale riguardo il rapporto dell'aprile 2010 intitolato "*Urban mobility and sustainable development in the Mediterranean*" elaborato dal programma "*Plan Bleu*" (iniziativa congiunta di UE, AFD, BM e altre istituzioni).
[55] Si tenga presente che la BM è pare integrante del programma"Medina 2030".

e gli incentivi fiscali che possano servire a mobilitare le necessarie risorse private funzionali alla riabilitazione, etc.);

- l'esigenza di coinvolgere costantemente le comunità locali includendo azioni specifiche per migliorare le condizioni abitative dei residenti e le loro possibilità di accedere ai sistemi di welfare e implementando analisi di impatto ambientale e sociale nonché campagne di informazione e sensibilizzazione per creare consenso e far si che le strategie di salvaguardia e valorizzazione siano un processo il più inclusivo possibile;
- l'attenzione da porre nel progettare e eseguire interventi che distribuiscano adeguatamente e equamente i benefici economici derivanti dalla riabilitazione stessa (rivalutazione delle proprietà e servizi immobiliari, sviluppo delle attività artigianali e manovali e delle attività turistiche in generale, etc.).

| Project name | P# | Country | Duration | Project costs US$ m | WB lending US$ million | Of which for rehabilitation |
|---|---|---|---|---|---|---|
| Third Urban Development | P005652 | Tunisia | 1982-1993 | 25.00 | 25.00 | 25.00 |
| Fez Medina Rehabilitation | P005524 | Morocco | 1998-2005 | 27.60 | 9.60 | 9.60 |
| Bethlehem 2000 | P053985 | West Bank & Gaza | 1998-2003 | 28.41 | 28.33 | 28.33 |
| First Social Fund for Development | P041199 | Yemen | 1997-2003 | 85.00 | 29.30 | 0.92 |
| Second Tourism Development | P035997 | Jordan | 1997-2005 | 44.00 | 29.22 | 29.22 |
| Second Social Fund for Development | P068830 | Yemen | 2000-2006 | 175.00 | 76.24 | 8.81 |
| Cultural Heritage | P048825 | Tunisia | 2001-ongoing | 23.79 | 17.00 | 17.00 |
| Cultural Heritage and Urban Development | P050529 | Lebanon | 2003- ongoing | 61.89 | 31.50 | 31.50 |
| Cultural Heritage, Tourism, and Urban Development | P081823 | Jordan | 2007-ongoing | 71.08 | 56.00 | 56.00 |
| Total | | | | 541.77 | 298.86 | 203.05 |

*Figura 8 - Lista dei progetti della BM inerenti la riabilitazione delle Medine della regione MENA (fonte: Banca Mondiale - "The urban rehabilitation of Medinas - The World Bank experience in the MENA")*

Un forte accento viene infine posto sulla risorsa "turismo culturale sostenibile" che, per le sue caratteristiche, ha in sé la potenzialità per poter contribuire a indirizzare forti investimenti verso la riabilitazione delle medine, generare introiti significativi per la popolazione locale e concorrere allo sviluppo locale. In tale ottica, partendo dall'assunto che non tutte le medine possiedano tutto l'insieme delle caratteristiche necessarie per essere considerate una destinazione di turismo culturale, la BM ha definito un originale e innovativo indice multi-criterio, il "*Medina Tourism Potential Index*", che, alla stregua di una *check-list*, aiuta i governi centrali e locali ad identificare una serie di parametri per determinare e classificare il potenziale turistico delle proprie città storiche, al fine di programmare interventi di sviluppo mirati. L'indice, recentemente utilizzato durante la preparazione della strategia nazionale per la riabilitazione delle trentuno medine marocchine, si basa su otto criteri, di cui i primi quattro relativi alle caratteristiche culturali e geografiche, e i restanti legati alle politiche di sviluppo locale messe in atto dai rispettivi governi centrali e locali[56].

[56] 1. importanza culturale e stato di conservazione; 2. classificazione nella lista dell'UNESCO; 3. vicinanza alla costa, a siti naturalistici o a altri siti di interesse culturale; 4. prossimità a destinazioni turistiche già affermate; 5. accessibilità; 6. capacità ricettiva di qualità adeguata; 7. eventi e attività culturali esistenti; 8. presenza di un artigianato locale di qualità.

# 4. L'INTERVENTO DELLA COOPERAZIONE ITALIANA

Nel variegato panorama delle cooperazioni bilaterali, la politica di cooperazione allo sviluppo italiana, gestita dalla "Direzione Generale per la Cooperazione Sviluppo" (DGCS) del Ministero degli Affari Esteri[57], attribuisce una particolare attenzione al rapporto con l'Africa settentrionale, il Vicino e Medio Oriente e i Balcani, pur se le attività promosse non sembra abbiano il medesimo impatto diretto di altri organismi bilaterali come l'AFD e la GTZ (*Deutsche Gesellschaft fuer Technische Zusammenarbeit*)[58], almeno per quanto riguarda la presenza e visibilità in progetti incentrati sulla salvaguardia e valorizzazione del patrimonio storico in ambito urbano.

Nel Nord Africa e Medio Oriente la DGCS, che opera per il tramite delle UTL (Unità Tecniche Locali) del Cairo, Tunisi, Rabat, Gerusalemme e Beirut, intende contribuire allo sviluppo socioeconomico e al miglioramento delle condizioni di vita delle popolazioni locali, concentrandosi in settori quali: PMI, sanità, agricoltura, energia, tutela ambientale e valorizzazione del patrimonio culturale. La cooperazione italiana utilizza i fondi allocati tramite iniziative a dono, crediti di aiuto, conversione e cancellazione del debito, crediti agevolati per le imprese miste, cooperazione decentrata, sviluppo del settore privato e collaborazione pubblico/privato, trasferimenti obbligatori all'UE, co-finanziamenti e fondi fiduciari presso la BM e altre istituzioni finanziarie internazionali.[59]

## 4.1 Il fondo fiduciario italiano per la cultura e lo sviluppo sostenibile

Come accennato, la cooperazione italiana fonda una buona parte delle proprie attività di cooperazione mediante strategie di integrazione con quelle delle Agenzie delle Nazioni Unite, delle banche regionali di sviluppo e di altri organismi operanti a livello regionale, oltre ovviamente ai trasferimenti "obbligatori" versati all'UE.

In questo ambito, collaborazioni specifiche riguardano la promozione e la partecipazione del Ministero degli Affari Esteri come azionista di speciali fondi (*trust funds*) istituiti presso varie istituzioni internazionali per fornire prevalentemente attività di assistenza tecnica e consulenza e rafforzare così la presenza italiana nelle attività delle suddette istituzioni.

Tra le numerose partecipazioni a fondi fiduciari attivati presso UNDESA (*United Nations Department of Economic and Social Affaires*), ILO (*International Labour Organisation*), BID (*Banco Interamericano de Desarrollo*), ADB (*Asian Development Bank*), AfDB (*African Development Bank*) e EBRD (*European Bank for Recostruction and Development*), ai fini del presente lavoro appare fondamentale presentare il "fondo fiduciario italiano per la cultura e lo sviluppo sostenibile" (*Italian Trust Fund for Culture and Sustainable Development*) attivato presso la BM[60].

---

[57] www.cooperazioneallosviluppo.esteri.it.

[58] V. a tal proposito la lista di progetti analizzati dal programma "Medina 2030" (figura 12 a pag. 48), in cui è ben visibili l'apporto sia dell'AFD che della GTZ.

[59] Le linee guida e indirizzi di programmazione del Ministero degli Esteri per la cooperazione italiana allo sviluppo nel triennio 2011 - 2013 prevedono che nell'area mediterranea vengano destinate risorse finanziarie pari al 30% del totale dei fondi a dono disponibili per attività sul canale bilaterale. Tuttavia, come evidenziato da una recente pubblicazione ("Cooperazione italiana ceduta all'UE", dicembre 2010, www.affarinternazionali.it/articolo.asp?ID=1619), i fondi italiani destinati allo sviluppo per il 2011 sembra si ridurranno sensibilmente, al contrario di quanto accade negli altri Paesi di punta europei; pertanto, circa il 65% dei fondi verrà gestito dalla UE (in quanto trasferimento obbligatorio per l'attuazione delle politiche di sviluppo europee), indebolendo le possibilità dell'Italia di sviluppare incisive politiche bilaterali, di mantenere gli impegni assunti a livello internazionale e di attrarre il favore dei paesi beneficiari.

[60] http://go.worldbank.org/Q8FDIP0DJ0.

Il Fondo è stato istituito dal governo italiano nel settembre del 2000 con un ammontare iniziale di circa 2,5 milioni di dollari, incrementato di ulteriori 2,25 milioni di dollari nel 2001. Nel 2007 è stato infine ri-finanziato con 1 milione di dollari circa.

Lo scopo è quello di coadiuvare la BM nell'implementazione di iniziative relative alla salvaguardia e alla valorizzazione del patrimonio culturale nei Paesi in via di sviluppo, in particolar modo quelli mediterranei. Nel concreto, il Fondo ha supportato operazioni di preparazione e attuazione di programmi dalla BM attraverso attività di *fund raising*, analisi di politiche e programmi, preparazione di studi economici e di settore, studi di identificazione e di fattibilità, formazione e implementazione di progetti pilota.

Tra il 2002 e il 2004, le risorse attivate attraverso il Fondo hanno permesso di finanziare venti progetti in quattordici Paesi: Albania, Armenia, Bosnia e Erzegovina, Cina, Egitto, Eritrea, Giordania, India, Iran, Macedonia, Marocco, Pakistan, Tunisia, Yemen. Più recentemente le attività si sono focalizzate anche in Afghanistan, Albania, Brasile, Perù, bacino del Nilo e Asia centrale. Il Fondo rappresenta circa l'1% del costo totale degli interventi della BM direttamente o indirettamente (ossia nell'ambito di più complessi programmi in ambito urbano, infrastrutturale, ambientale, sociale, etc.) legati al patrimonio culturale e attualmente in implementazione o in preparazione. Tra i programmi supportati, alcuni hanno riguardato espressamente la salvaguardia e valorizzazione delle medine, ossia:

- Marocco: *Fès Medina Rehabilitation Project* (1998-2005): con un contributo di 95.000 dollari, la cooperazione italiana ha promosso una conferenza dei "*bailleurs de fonds*" per lo scambio di esperienze e promuovere la mobilizzazione di ulteriori risorse (v. nota à piè pagina n. 5 a pagina 12).
- Marocco: *Historic Centers Revitalization Program (Meknès)* (2003): 100.000 dollari impegnati per l'identificazione di un programma di rivitalizzazione che aveva il fine ultimo di migliorare le condizioni di vita della popolazione residente grazie allo sviluppo di attività turistiche legate alla valorizzazione del patrimonio (il programma alla fine non è però stato approvato dalla BM).
- Giordania: *Cultural Heritage, Tourism and Urban Development Project* (2007-2012): la cooperazione italiana ha contribuito nel 2004-2005, con una somma di 350.000 dollari, al finanziamento di uno studio di fattibilità[61] riguardante la preparazione del summenzionato programma, poi approvato nel 2007 dalla BM e ammesso al finanziamento. L'obiettivo è il miglioramento dell'economia e della coesione sociale in quattro città secondarie creando le condizioni per un processo sostenibile di rivitalizzazione dei centri storici e di sviluppo del turismo. Il programma è attualmente in corso di realizzazione attraverso azioni di recupero e valorizzazione dei centri storici[62].
- Infime, come già riportato (v. par. 3.3), risorse rese disponibili attraverso il Fondo hanno permesso l'elaborazione e pubblicazione dello studio "*The urban rehabilitation of Medinas - The World Bank experience in the Middle East and North Africa*".

---

[61] Come per il progetto di sviluppo dei circuiti turistici nella medina di Fès, nel 2005 l'Autore ha avuto modo di partecipare, in qualità di project manager, all'implementazione dello studio di fattibilità finanziato dal *trust fund* italiano.

[62] È interessante notare come il progetto "*Cultural Heritage, Tourism & Urban Development*" stia mobilizzando risorse per circa 70 milioni di dollari, pari a circa 200 volte il finanziamento dello studio di fattibilità iniziale; questo comporta due tipi di considerazioni: da un lato l'evidenza dell'effetto moltiplicatore che modeste iniezioni di fondi nelle fasi iniziali dei progetti sono in grado di apportare, dall'altro l'opportunità per la cooperazione bilaterale italiana, alla luce della scarsità di risorse e della necessità di guardare con particolare attenzione alla questione dell'efficacia nella spesa dei fondi, di poter indirizzare i propri sforzi verso questo tipo di iniziative.

# 5. IL PROGRAMMA "MEDINA 2030"[63]

## 5.1 Obiettivi generali

Nel contesto della strategia della BEI per lo sviluppo sostenibile dei Paesi del Mediterraneo meridionale e orientale (v. par. 2.2), le città costituiscono senza dubbio una delle priorità di intervento, essendo i principali poli di produzione e d'investimento in cui si concentrano e coniugano innovazione, competitività e progresso sociale, economico e culturale. In questo contesto, di fianco alle molte richieste di finanziamento per investimenti per il miglioramento delle aree di recente urbanizzazione (essenzialmente trasporti, ambiente e edilizia sociale) la BEI, parallelamente, considera che gli investimenti destinati alle nuove aree non debbano distogliere l'attenzione dalla necessità d'investire adeguatamente nella salvaguardia e valorizzazione delle città storiche.

*Foto 15 - Turisti e attività tradizionali a stretto contatto nella medina di Fès (Marocco)*
*(fonte: archivio dell'Arch. Gorjux)*

[63] Il presente capitolo è stato elaborato tenendo conto di molteplici fonti bibliografiche e sitografiche, tra cui: comunicati stampa della BEI, come ad esempio il numero "BEI/10/127" del 9 dicembre 2010; articoli apparsi sulla rivista ufficiale della BEI (in particolare la n. 4-2008 e n. 3-2009); il libro "Medinas 2030 Scenarios and Strategies" di M. Balbo (2010); brochure e atti della Conferenza internazionale di Marsiglia (ottobre 2009); la documentazione disponibile sul sito internet del *Centre for Mediterranean Integration* di Marsiglia (www.cmimarseille.org/Medinas-2030.php); i Termini di Riferimento della gara d'appalto internazionale promossa dalla BEI per l'elaborazione di uno studio di fattibilità per il progetto pilota di riabilitazione della medina di Meknès.

Basandosi dunque sull'esperienza acquisita nel campo del rinnovamento urbano all'interno dei Paesi membri dell'UE[64], facendo leva sulla collaborazione di istituzioni "esperte" nel settore come BM e UNESCO e collezionando le buone pratiche suscettibili di poter essere riprodotte nell'area mediterranea, la BEI, attraverso il FEMIP, ha pertanto ideato l'iniziativa "Medina 2030", i cui obiettivi generali possono essere riassunti come segue:

- rivedere completamente gli approcci alla riqualificazione urbana dei centri storici del Maghreb e Mashreq collocando queste operazioni in una prospettiva di lungo termine e da finanziare, tenendo conto delle esigenze e della scarsità di fondi pubblici, attraverso investimenti adeguatamente programmati e condivisi da una pluralità di soggetti;
- rafforzare le politiche pubbliche dei paesi partner del Mediterraneo in riguardo alla rigenerazione delle medine e integrandole con strategie di sviluppo urbano sostenibile che permettano di preservarne il carattere e il valore culturale promuovendo al tempo stesso una migliore qualità di vita per la popolazione locale in termini sia economici che sociali;
- accrescere la consapevolezza degli attori pubblici circa l'importanza della riqualificazione urbana nelle aree storiche delle proprie città;
- individuare e definire, attraverso un'analisi delle esperienze accumulate in un certo numero di paesi e da parte di diverse organizzazioni (internazionali e nazionali), un quadro comune di riferimento e dei meccanismi operativi da utilizzare per produrre strategie integrate di rigenerazione urbana delle medine dal punto di vista fisico, architettonico, sociale, ambientale, economico, finanziario, istituzionale, etc.;
- porre le basi per la creazione di strumenti di finanziamento adeguati alle operazioni ritenute meritevoli di supporto.

"Investire adeguatamente" significa adottare un approccio necessariamente globale e multilaterale capace di unire armoniosamente competenze molte diverse tra loro (pianificazione urbana, architettura, finanza pubblica, amministrazione locale, sociologia, salvaguardia del patrimonio e dell'ambiente, partenariato pubblico-privato, etc.) e che allo stesso tempo metta in condivisione i mezzi e l'esperienza di tutti gli attori (organi decisionali competenti, investitori privati, istituzioni internazionali e bilaterali, società civile) al fine di concertare un quadro di intervento partecipato che possa supportare operazioni di rivitalizzazione e riabilitazione sostenibili.

## 5.2 Le conferenze del 2008 e del 2009

### La conferenza di Venezia (ottobre 2008)

L'iniziativa è stato lanciata dalla BEI in occasione di una conferenza internazionale organizzata in concomitanza con la Biennale di Architettura di Venezia del 2008.

La conferenza mirava da un lato ad analizzare l'insieme delle problematiche legate alle medine e dall'altro ad elaborare idee e iniziative concrete per rivitalizzarle entro il 2030, stimolando azioni comuni e condivise tra i partner mediterranei e le istituzioni internazionali.

La conferenza, un successo secondo gli addetti ai lavori[65], è dunque servita come momento di analisi, ma soprattutto di scambio e convergenza delle diverse opinioni e esperienze dei partecipanti. Interessanti considerazioni sono state in particolare espresse dal vicepresidente

---

[64] Ad esempio mutuando le tecniche del programma JESSICA (*Joint European Support for Sustainable Investment in City Areas*), finanziato dalla BEI e dalla Banca di sviluppo del Consiglio d'Europa a favore degli Stati membri dell'UE.

[65] I risultati emersi dalla valutazione dei questionari somministrati a tutti i partecipanti sembrano mostrare chiaramente l'interesse nei confronti dell'iniziativa e le alte aspettative rispetto a strategie di lungo termine che possano affrontare la natura complessa dei progetti inerenti la rivitalizzazione urbana.

della BEI e responsabile del FEMIP, Philippe de Fontaine Vive, che ha presentato una sintesi di raccomandazioni utili ad indirizzare le attività successive ai fini della trasformazione di "Medina 2030" da "semplice iniziativa" a "programma strutturato". Tra queste:

- riuscire a recuperare in maniera integrata le medine in modo tale da preservare il loro carattere culturale e favorire una vita economica e sociale di qualità;
- assicurare un buon accesso ai servizi pubblici, in primis salute e sicurezza;
- evitare non solo il continuo degrado ma anche che esse siano a solo appannaggio dei turisti;
- offrire alle popolazioni locali condizioni adeguate di ricollocamento in caso di interventi di risanamento;
- basare il processo di riabilitazione su un'efficace e stretta consultazione con le popolazioni interessate attraverso strumenti partecipativi appropriati;
- favorire lo sviluppo di progetti pilota e condividere e dare opportuna visibilità a esperienze, buone prassi e risultati conseguiti al fine di instaurare la fiducia tra la popolazione interessata e rafforzare le capacità istituzionali nazionali e locali;
- assicurare adeguate risorse di finanziamento facendo ricorso alla partecipazione del settore privato;
- accompagnare le istituzioni verso una maggiore capacità di elaborazione e attuazione di progetti integrati di riabilitazione delle medine non solo mediante un supporto finanziario ma anche attraverso azioni di assistenza tecnica specialistica.

Uno degli obiettivi più importanti raggiunti da questa prima conferenza è stato quindi quello di delineare un consenso generale sulla necessità di lanciare al più presto un programma concreto di ricerca e assistenza tecnica per la salvaguardia e riabilitazione delle medine mediterranee capace di mettere in rete abilità finanziarie, tecniche e progettuali non solo dei finanziatori e donatori ma anche delle autorità nazionali e locali dei Paesi partner del Mediterraneo.

Per cui da mera "iniziativa", il successo del seminario ha dato il via alla nascita di un vero e proprio "programma" strutturato, presentato durante la seconda conferenza tenutasi a Marsiglia nell'ottobre 2009.

*Foto 16 - L'altissima densità urbana della medina di Damasco (Siria)*
*(fonte: Banca Mondiale - "The urban rehabilitation of Medinas - The World Bank experience in the MENA")*

## La conferenza di Marsiglia (ottobre 2009)

Tenutasi durante la "Settimana Economica del Mediterraneo", ad essa hanno partecipato politici locali, esponenti delle pubbliche amministrazioni, operatori e finanziatori, con l'intento di:

- identificare le prime linee di azione del programma;
- presentare in maniera organica numerosi aspetti tecnici riguardo al tema della riabilitazione delle medine;
- mettere meglio a fuoco le aspettative dei principali operatori (economici, tecnici e finanziari); e
- stimolare l'interesse al dibattito dei *public policies makers*.

Per rispondere a tali intenti, il seminario è stato articolato in quattro sessioni:

1. la prima ha visto la presentazione e illustrazione di una serie di diverse problematiche riscontrabili nella conduzione di un'operazione di rinnovamento urbano, come ad esempio: la difficoltà nella preparazione e attuazione di iniziative di restauro e conservazione, la necessità di ricevere supporto tecnico e l'intima relazione che deve intercorrere tra le operazioni di riabilitazione delle aree storiche e lo sviluppo coerente delle intere città;
2. la seconda ha messo in risalto la necessità dell'interazione fra i diversi livelli istituzionali, sia a livello orizzontale che verticale, nel definire e individuare gli obiettivi nel medio e lungo termine e nel creare consenso sul fatto che la rigenerazione delle medine sia cosa ben diversa dalla "semplice" conservazione di monumenti storici in degrado; in questo senso, la sfida dello sviluppo sostenibile implica la promozione di un approccio integrato per le medine che si occupi non solo della conservazione del patrimonio, ma anche di altre questioni come le politiche abitative e sociali, lo sviluppo economico, l'ambiente, etc.;
3. la terza sessione ha visto la presentazione di numerose *lessons learned* derivanti da una serie di precedenti esperienze relative al tema della riqualificazione urbana[66]: su tutte, la necessità di adottare strumenti giuridici, operativi e finanziari adeguati e adattabili ai differenti contesti nel quadro di strategie efficaci;
4. l'ultima sessione, infine, ha posto le basi per una profonda discussione tra gli operatori circa la questione degli strumenti finanziari da mettere a punto e il ruolo del settore privato e della società civile nelle operazioni di riabilitazione vista l'insufficienza dei soli finanziamenti pubblici per soddisfare le esigenze, ponendo le basi per la predisposizione di uno strumento finanziario *ad hoc*.

---

[66] Le principali presentazioni sono state le seguenti:

(1) "*What objectives for 2030*" a cura di A. Erfan del *Ministry of Local Administration* (Siria).

(2) "*Le financement des opérations de réhabilitation des médinas: les options de partenariat*" a cura di M. Turró dell'Università Politecnica di Catalogna di Barcellona (Spagna).

(3) "*Réhabilitation des médinas*" a cura di M. N. Lahlou della *Holding d'aménagement Al Omrane* (Marocco).

(4) "*Les médinas, une histoire à valoriser, un devenir à construire*" a cura di J. Parpal di Medcities.

(5) "*Financement de la réhabilitation du patrimoine bâti au Liban*" a cura di W. Charafeddine del *Council for Development and Reconstruction* (Libano).

(6) "*Rôles publics et privés dans la réhabilitation des médinas*" a cura di A. Bigio della BM.

(7) "*Rehabilitation of World Heritage Cities*" a cura di M. Spiekermann della GTZ (Germania).

(8) "*The medinas harnessing the past and building the future*" a cura di A. R. Bizri, sindaco della città di Sidone (Libano).

(9) "*Entre gloire passée et rêves caressés*" a cura di A. Hilal, sindaco di Meknès (Marocco).

(10) "*Les villes de la Méditerranée: culture, héritage et modernité*" a cura di L. Folin Calabi dell'UNESCO.

(11) "*Une strategie de sauvegarde durable*", a cura di S. Akrout Yaïche dell'*Association de Sauvegarde de la medina de Tunis* (Tunisia).

Tirando le somme, tra tutte le considerazioni e conclusioni emerse a margine dell'evento da parte dei partecipanti, una particolare importanza hanno rivestito:

- la necessità di un maggior coinvolgimento nel processo di riqualificazione urbana delle popolazioni interessate al fine di soddisfare primariamente i bisogni dei residenti;
- oltre alla conservazione stessa del patrimonio, una delle sfide principali delle operazioni di rinnovamento è quella di sviluppare l'economia locale;
- la proposta di creare un processo di consultazione per elaborare uno strumento finanziario adeguato alle operazioni di rigenerazione.

Durante il seminario di Marsiglia, inoltre, la Banca ha promosso anche due eventi collaterali al programma, ossia:

- l'organizzazione di una mostra-esposizione aperta al pubblico sul tema della riqualificazione dei centri storici urbani, con l'obiettivo di rendere maggiormente fruibile l'insieme delle complesse problematiche mediante foto e informazioni su alcune iniziative meritevoli già implementate;
- l'istituzione, in collaborazione con BM, governi di Egitto, Francia, Giordania, Libano, Marocco, Tunisia e alla città di Marsiglia, del CMI (v. par. 3.20), a cui è stata delegata, nell'ambito delle sue attività, la gestione operativa e il coordinamento per l'implementazione delle azioni previste dal programma.

*Figura 9 - I centri storici del nord, sud e est del Mediterraneo oggetto della mostra-esposizione tenutasi a Marsiglia nell'ottobre 2009 (fonte: BEI - "Medina 2030 Exhibition - the catalogue")*

## 5.3 Le azioni promosse a partire dal 2010

L'affidamento del coordinamento del programma al CMI di Marsiglia (in quanto piattaforma di ricerca, scambio e cooperazione avente lo scopo di facilitare la condivisione delle conoscenze e delle esperienze tra istituzioni pubbliche e private dell'area mediterranea per l'elaborazione di politiche pubbliche sostenibili), ha sicuramente apportato dei vantaggi operativi e una maggiore praticità nell'implementazione delle attività ricadenti negli ambiti del programma stesso.

In questo senso, infatti, l'azione del CMI ha contribuito a definire e cristallizzare una serie di questioni teoriche e pratiche importanti, soprattutto legate a: istituzioni partecipanti, stakeholders, durata, obiettivi specifici, risultati attesi, attività e azioni principali immediatamente implementabili.

### Istituzioni partecipanti

Organizzazione leader: BEI, grazie ai fondi messi a disposizione attraverso il "FEMIP *trust fund* 2011-2013" (v. par. 2.2).

Partner internazionali: BM, UNESCO, AFD, *Caisse des Dépôts et Consignations*, *Ministère des Affaires étrangères et européennes de la République de France*, Commissione Europea - Programma Euromed Heritage, *Arab Towns Organisation* (ATO), Medcities, UATI, *Alliance of European Cultural Cities* (AVEC).[67]

Istituzioni dei paesi partner del Mediterraneo: Marocco (*Ministère de l'Habitat de l'Urbanisme et de l'Aménagement de l'Espace*), Siria (*Regional Planning Council*), Tunisia (Ministère *de l'Interieur et du Developpement Local*), Egitto (*General Organisation of Physical Planning*), Libano (*Council for Development and Reconstruction*).

### Stakeholders

Enti e strutture preposte alla riabilitazione urbana delle medine (settore pubblico e privato a livello internazionale, nazionale e locale), potenziali finanziatori (pubblici e privati), organizzazioni della società civile e abitanti.

### Durata del programma

Dal 2009 fino alla fine del 2012.

### Obiettivi specifici

- Sensibilizzare gli attori della sfera pubblica a tutti i livelli circa l'importanza della riqualificazione urbana nei centri storici delle città sulle sponde sud e est del Mediterraneo.
- Definire strategie di riabilitazione dei centri storici e di salvaguardia delle risorse culturali che siano integrate con le strategie più ampie relative alla pianificazione urbana del territorio di riferimento.
- Contribuire allo sviluppo economico e sociale mediante il miglioramento delle condizioni di vita della popolazione residente.
- Garantire adeguata governance e partecipazione della società civile per l'implementazione delle linee strategiche di intervento.
- Progettare meccanismi di finanziamento atti a sostenere le operazioni di riabilitazione nell'ambito di tutto il ciclo di progetto (identificazione, studio di fattibilità, implementazione, monitoraggio e valutazione).
- Coinvolgere quanto più possibile le reti esistenti a livello mediterraneo (città, amministrazioni locali e del territorio, etc.).

### Risultati attesi

- Identificare e stabilire meccanismi adeguati per la pianificazione del territorio, integrando opportunamente aspetti economici, sociali e istituzionali.
- Definire prodotti finanziari atti a facilitare l'attuazione di operazioni di riqualificazione.
- Creare uno specifico programma di investimenti a lungo temine (al "2030").

---

[67] www.unesco.org, www.afd.fr, www.caissedesdepots.fr, www.diplomatie.gouv.fr, www.ato.net/web, www.medcities.org, www.uati.info, www.avecnet.com.

### Attività

- Creazione di un Comitato Scientifico, a cui è affidato il compito di operare per favorire il raggiungimento degli obiettivi del programma, dare visibilità alla valenza "culturale" presso le istituzioni dei paesi partner e accompagnare e monitorare l'attuazione delle attivitè previste. La prima riunione del Comitato si è tenuta presso il CMI nel dicembre 2010 in concomitanza con la presentazione del libro curato dal Prof. M. Balbo "Medina 2030 - Scenari e strategie"[68] e dell'ingresso dell'UNESCO e dell'ATO nella partnership del programma. Il Comitato è presieduto dal Prof. Bandarin, Direttore Generale aggiunto per la Cultura dell'UNESCO.
- Progetto pilota a Meknès (Marocco): preparazione e attuazione di un progetto pilota di rigenerazione urbana integrata per la medina di Meknès[69] grazie al ricorso ad un servizio di assistenza tecnica esterno selezionato tramite gara d'appalto internazionale; il progetto, attualmente in corso, presenterà i risultati entro il primo semestre del 2011, che saranno poi pubblicizzati al fine di presentare gli strumenti e i metodi testati e valutarne così l'efficacia e l'effettiva replicabilità.

*Figura 10 - Meknès: l'area urbana e la medina (Marocco)*
*(fonte: BEI - Specifiche tecniche del capitolato d'appalto per l'elaborazione dello studio sul progetto pilota à Meknès)*

### Il progetto pilota per la riabilitazione della medina di Meknès (Marocco)

[68] La pubblicazione fornisce sia un'interessante sintesi delle *lessons learned* di diverse strategie di riabilitazione del patrimonio culturale materiale in ambito urbano già implementate in differenti contesti che una serie di scenari possibili per il miglioramento di future iniziative.

[69] Tra i mesi di marzo e aprile 2010 l'Autore, nell'ambito delle sue consuete attività professionali, ha coordinato, per conto di un partenariato composto da società di consulenza italiane, l'elaborazione di una proposta tecnico-finanziaria (poi non risultata aggiudicataria) per la partecipazione alla gara di appalto internazionale relativa al progetto pilota di Meknès.

La Medina di Meknès, tra le 31 presenti in Marocco, è la terza per numero di abitanti (circa 50.000), dopo Marrakesh e Fès; fa parte di una delle quattro città imperiali del Paese ed è stata classificata Patrimonio Mondiale dell'Umanità dall'UNESCO nel 1996.

Il progetto, in quanto "pilota", è stato circoscritto soltanto al perimetro del distretto di Tizimi (tra l'altro assurto recentemente alla cronaca a causa del crollo di un minareto, che ha messo alla luce la stringente necessità di una rapida e efficace riabilitazione). I criteri di selezione del distretto si sono incentrati su:

- peculiarità dell'area,
- coerenza delle azioni di riabilitazione attualmente in corso, e
- probabilità di successo dell'iniziativa (non solo in termini di risultati, ma anche di impatti socio-ambientali, di attrattività economico-turistica e di replicabilità in altri contesti).

L'obiettivo generale dello studio è dunque quello di individuare e testare strumenti e procedure che possano contribuire alla rigenerazione dei centri storici del Mediterraneo sud-orientale, sia in termini di qualità di vita per la popolazione residente che di attrazione economica e turistica.

Gli obiettivi specifici includono la definizione e messa a punto di:

- strumenti tecnici, giuridici e finanziari, in particolare per quanto riguarda il miglioramento della situazione abitativa dei residenti;
- un quadro istituzionale e operativo atto a gestire il processo di riabilitazione;
- una programmazione integrata per il recupero e la valorizzazione delle infrastrutture di base, degli spazi pubblici, dei servizi, degli alloggi, delle attività economiche e del patrimonio culturale;
- un piano d'azione per il distretto di Tizimi, mettendo in evidenza le azioni programmate, la localizzazione degli interventi, la metodologia, i costi stimati, etc., ai fini della replicabilità del piano in altri porzioni della medina e ovviamente in altre medine.

*Figura 11 - Meknès: Perimetro del quartiere Tizimi nella medina (Marocco)*
*(fonte: BEI - Specifiche tecniche del capitolato d'appalto per l'elaborazione dello studio sul progetto pilota à Meknès)*

- Elaborazione di una ricerca documentale su alcuni progetti implementati o in corso di implementazione, descrivendone metodologie utilizzate, fattori di successo, di rischio e fallimento, etc. Elaborato dall'UATI, lo studio è stato presentato durante la prima riunione del Comitato Scientifico nel dicembre 2010 ed ha portato alla selezione di una serie di iniziative, suscettibili di ricevere assistenza tecnica e finanziaria; esso delinea inoltre il campo d'azione di un più dettagliato intervento di analisi (il *pre-operational study*).

La ricerca documentale

Il *documentary study* ha affrontato le seguenti tematiche principali: (1) analisi e selezione di una ventina di progetti nei sei paesi partner mediante un approccio metodologico integrante tre questioni fondamentali (aspetto fisico delle medine e loro storia evolutiva, struttura istituzionale, aspetti funzionali); (2) elaborazione di una scheda di analisi e sintesi delle caratteristiche peculiari dei singoli progetti al fine di individuarne le caratteristiche comuni e le differenze, oltre alle migliori pratiche potenzialmente replicabili altrove; (3) stesura delle linee guida per l'elaborazione dei termini di riferimento del successivo *pre-operational study*. I progetti selezionati dallo studio sono stati i seguenti:

- Egitto: (1) Il programma della fondazione Aga Khan per la riabilitazione del quartiere Darb al-Ahmar.
- Giordania: (2) Karak e il patrimonio dei Crociati e (3) Jerash alle porte di un importante sito archeologico.
- Libano: (4) La riabilitazione del centro storico di Tripoli; (5) Riabilitazione del centro storico di Baalbeck; (6) Riabilitazione del centro storico di Tiro.
- Marocco: (7) Riabilitazione dell'antica medina di Casablanca; (8) Riabilitazione della medina di Fès; (9) Interventi nella medina di Meknès; (10) Riabilitazione della medina di Tetouan.
- Siria: (11) Riabilitazione del centro storico di Aleppo; (12) Damasco, interventi strategici nella medina; (13) Hama, progetto di riabilitazione della medina.
- Tunisia: (14) progetto di riqualificazione della medina di Kairouan; (15) Riabilitazione della medina di Sfax; (16) Riabilitazione della medina di Sousse; (17) Riabilitazione del quartiere d'Hafsia e riabilitazione delle "Oukalas" a Tunisi.

- Elaborazione, come anticipato, di un *pre-operational study*, ossia di uno studio di fattibilità economico-finanziaria basato sui risultati del progetto pilota di Meknès e del *documentary study*. L'obiettivo è individuare e definire un quadro generale di intervento, la fattibilità di sistemi innovativi di finanziamento (in particolare il partenariato pubblico-privato, che mobilita il settore privato rispetto a servizi pubblici o bisogni collettivi a complemento delle -scarse- risorse pubbliche disponibili) e un quadro di indicatori chiave per il monitoraggio degli interventi al fine dunque di porre le basi del sopraccitato "programma di investimenti" da adottare in seno alle istituzioni coinvolte e interessate. Questo studio, di cui la BEI (sulla base del *documentary study*) ha elaborato termini di riferimento, budget a disposizione per la realizzazione e calendario di attuazione, verrà effettuato facendo ricorso a una struttura specializzata selezionata tramite una gara d'appalto internazionale il cui relativo bando verrà pubblicato durante il primo trimestre del 2011. In particolare, esso dovrà incentrarsi su quattro componenti fondamentali: (a) individuare una *short-list* di progetti di riabilitazione tra i diciassette selezionati dal *documentary study* dividendoli tra "maturi" (per i quali sono quindi possibili operazioni complementari) e "in corso" (che rappresentano dunque un potenziale di intervento); (b) definire le componenti fisiche, economiche e finanziarie dei progetti selezionati; (c) determinarne le specifiche esigenze di finanziamento; (d) individuare, stabilire e proporre un quadro finanziario adeguato da mettere in atto per sostenere i progetti di riabilitazione identificati (il già citato "programma di investimenti").

Il *pre-operational study*

Lo studio avrà una durata di circa 12/14 mesi sulla base del seguente calendario:

- Pubblicazione del bando destinato a società con esperienza nel settore: Febbraio 2011.
- Selezione del team di assistenza tecnica: Maggio 2011.
- Inizio dello studio: Giugno 2011.
- Prima fase: Novembre 2011.
- Seconda fase: Marzo 2012.
- Terza e ultima fase: Luglio 2012.
- Presentazione della relazione finale: Ottobre/Novembre 2012.

Il calendario di attuazione prevede che lo studio, durante l'implementazione, benefici anche di seminari di supporto tecnico organizzati dai diversi partner istituzionali dell'iniziativa (UNESCO *in primis*).

| | Egypte | Jordanie | Jordanie | Liban | Liban | Liban | Liban | Maroc | Maroc | Maroc | Maroc | Syrie | Syrie | Syrie | Tunisie | Tunisie | Tunisie |
|---|---|---|---|---|---|---|---|---|---|---|---|---|---|---|---|---|---|
| Type de projet | Le Caire | Jerash | Karak | Baalbek | Saida | Tripoli | Tyr | Casablanca | Fes | Meknes | Tétouan | Damas | Hama | Alep | Sfax | Sousse | Tunis |
| Titre du projet | Programme de la Fondation Aga Khan pour la réhabilitation du quartier Darb al-Ahmar | Cultural Heritage, Tourism and Urban Development Project (CHTUDP) - World Bank | Cultural Heritage, Tourism and Urban Development Project (CHTUDP) - World Bank | Programme CHUD - World Bank et Conseil du Développement et de la Reconstruction | Programme CHUD - World Bank et Conseil du Développement et de la Reconstruction | Projet de réhabilitation du circuit touristique de la médina + City Development Strategy (CDS) - World Bank + CHUD - AFD | Programme CHUD - Word Bank et AFD | Projet de Réhabilitation de l'ancienne médina de Casablanca - Financement national + Projet de Réhabilitation de la Marina (Al Omrane) | Programme World Bank + Programme de réhabilitation de la vieille ville initiée par le Roi | Projet pilote programme Medinas 2030 - BEI | Projet de Réhabilitation du centre historique – Financement local et national | Programme de développement urbain – GTZ | Revitalisation économique et touristique du centre historique de Hama | Projet de Réhabilitation de la vieille ville – GTZ | Projet de Réhabilitation de la medina de Sfax - Financement nationaux et locaux | Projet de Réhabilitation de la medina de Sousse - Financements nationaux et locaux | Projet de réhabilitation du quartier Hafsia / Oukalas + Circuit touristique en centre ancien |
| Projet déjà réalisé | ■ | | | | | | | | ■ | | | | | ■ | | | ■ |
| Projet en cours | | ■ | ■ | ■ | ■ | ■ | ■ | ■ | ■ | ■ | ■ | ■ | ■ | | ■ | ■ | ■ |
| Projet émergent | ■ | | | | | | | | | | | | | | | | |
| **Intérêt méthodologique du projet** | | | | | | | | | | | | | | | | | |
| Volonté réelle de la collectivité | | ■ | ■ | ■ | ■ | | ■ | ■ | ■ | ■ | ■ | ■ | | ■ | ■ | ■ | |
| Identification des porteurs & qualité de leur implication | | | | ■ | | | ■ | ■ | ■ | | ■ | ■ | | | ■ | ■ | |
| PPP | | | | | ■ | | | ■ | ■ | | ■ | ■ | | | ■ | ■ | |
| Outils juridiques de protection | | | | | | | | ■ | ■ | | ■ | | | | ■ | ■ | ■ |
| Maîtrise du foncier | | | | | | | | | | | | | | | | | |
| Volet Social | ■ | | | | | | | ■ | ■ | | ■ | ■ | ■ | | | ■ | |
| Implication des habitants | ■ | | | | | | | | | | | | | | | | ■ |
| Approche environnementale | ■ | | | ■ | | | | | | | ■ | ■ | | | | ■ | |
| Volet formation | ■ | | | | ■ | | | | | | | | | | | | |
| Création d'emplois | ■ | | | ■ | | | | | | | | | ■ | | | ■ | |
| Attractivité potentielle du site | ■ | ■ | ■ | ■ | ■ | ■ | ■ | ■ | ■ | ■ | ■ | ■ | ■ | ■ | ■ | ■ | ■ |
| Transferabilité du projet | | ■ | ■ | ■ | | | ■ | | | | | ■ | | ■ | | | ■ |
| **Opportunité d'investissement** | | | | | | | | | | | | | | | | | |
| Opportunité de coopération | GOPP | Banque Mondiale | Banque Mondiale | Aix-en-Provence | Banque Mondiale | Banque Mondiale | Banque Mondiale / AFD | | | | | GTZ | GTZ | GTZ | | | AFD |
| Besoin d'appui institutionnel | | ■ | ■ | ■ | ■ | | ■ | | | ■ | | | ■ | | | | |
| Besoin d'appui technique | | ■ | ■ | ■ | | | | | | ■ | | | ■ | | | | |
| Construction d'infrastructures touristiques et culturelles | | ■ | ■ | ■ | ■ | ■ | ■ | ■ | | ■ | ■ | | ■ | | | | |
| Intervention sur le bâti privé | ■ | ■ | ■ | ■ | ■ | ■ | | ■ | | ■ | ■ | ■ | ■ | ■ | ■ | ■ | ■ |
| Intervention sur l'espace public | ■ | ■ | ■ | ■ | | | ■ | ■ | | ■ | ■ | ■ | ■ | | | | |
| Restauration bati public | | | | ■ | | ■ | | ■ | | ■ | ■ | | ■ | | ■ | ■ | |
| Déplacements urbains durables | ■ | | | | | ■ | | | | ■ | | | | ■ | | | |
| Réseaux d'eau | ■ | ■ | | | | ■ | ■ | | | ■ | | | ■ | | | | |
| Circuit touristique | | | | ■ | ■ | | | ■ | | ■ | ■ | | ■ | | ■ | ■ | ■ |

*Figura 12 - Scheda di analisi e sintesi dei progetti selezionati dal "documentary study"*
*(fonte: CMI di Marsiglia - rielaborazione dell'Autore)*

- Organizzazione di due conferenze internazionali previste rispettivamente per la fine del 2011 e la fine del 2012, al fine di comunicare l'andamento dei risultati del programma in generale e del *pre-operational study* e del progetto pilota a Meknès in particolare.
- A partire da gennaio 2011, avvio di un processo di consultazione con diversi donatori e finanziatori per mutuare esempi di interventi precedenti e per adattare e definire innovativi e sostenibili meccanismi di finanziamento in grado di sostenere gli investimenti per la riabilitazione delle medine che verranno selezionate dal *pre-operational study*.

# 6. CONCLUSIONI

Il contemporaneo e complesso dibattito incentrato sul recupero e sulla valorizzazione delle medine deve assolutamente tenere in debita considerazione le profonde lacerazioni che esse stanno subendo sotto differenti punti di vista:

- sociale (incremento demografico e della densità, impoverimento e emarginazione della popolazione residente),
- urbanistico e ambientale (degrado fisico degli spazi pubblici, infrastrutture fatiscenti), e
- economico (graduale scomparsa dei mestieri tradizionali).

Questi processi di marginalizzazione sono probabilmente irreversibili, a meno che non vengano elaborate e implementate delle azioni sostenibili elaborate e concordate tramite la partecipazione di tutti i soggetti interessati, ossia abitanti, organizzazioni della società civile, settore privato, amministrazioni locali, governi nazionali e istituzioni internazionali.

Come si è potuto evincere dall'analisi elaborata e pur non pretendendo di aver coperto la totalità delle iniziative messe in campo negli ultimi due decenni, una serie di progetti, delineati nell'ambito di meritevoli politiche e strategie, hanno tentato e stanno tentando non solo di mitigare problematiche sociali, ambientali e abitative, ma anche di migliorare alcuni aspetti istituzionali, economici, urbanistici e di protezione del ricco patrimonio culturale. Tuttavia, è emerso da più parti come essi appaiano, generalmente, non adeguatamente coordinati e, spesso, addirittura percepiti dalle popolazioni locali come "imposti" dall'alto per fini meramente economico-turistici e di conseguenza anche speculativi.

Al fine di garantire una maggior coerenza negli interventi di riabilitazione e di mettere stabilmente in rete le conoscenze dei vari organismi e professionalità internazionali e locali, la BEI (in partnership con numerose istituzioni sia internazionali che provenienti dai Paesi beneficiari) ha dunque ideato, promosso e lanciato l'iniziativa-programma "Medina 2030" che, nonostante le difficoltà che deriveranno dall'attuale fase di passaggio (critica, ma anche carica di speranza) verso un rinnovato quadro politico-istituzionale dei paesi del Mediterraneo sud-orientale, ha tutte le carte in regola per condurre finalmente alla definizione di un quadro comune e condiviso di intervento che possa coniugare le diverse esperienze dei singoli partner superando i tradizionali meccanismi di cooperazione internazionale e regionale e di assistenza calati "dall'alto".

Infatti, dall'analisi emerge come gli approcci utilizzati nell'attuare il programma abbiano un'elevata capacità intrinseca di sviluppare notevoli passi in avanti nel settore, ossia:

1. pragmatismo, visibilità e approccio integrato nell'elaborazione e implementazione di iniziative di recupero e valorizzazione mediante progetti pilota e studi a carattere regionale;
2. analisi dettagliata delle componenti economiche e finanziarie per la sostenibilità di operazioni di riabilitazione tali da stimolare anche l'interesse e la partecipazione del settore privato;
3. coinvolgimento attivo e costante della popolazione residente, favorendone l'appropriazione del "progetto" e la maggiore fiducia verso futuri interventi suscettibili di ostacolare la propria quotidianità (dal restauro degli spazi pubblici alla partecipazione alle analisi sulle delimitazioni delle proprietà private, etc.).

Pertanto, la creazione di un così importante osservatorio pluriennale sulle trasformazioni architettoniche e sociali in atto nei centri urbani dell'area mediterranea può essere vista sicuramente come un'azione apprezzabile al fine di dare un nuovo corso ai processi di salvaguardia e valorizzazione delle medine, così come il tentativo, si spera vincente, di:

- fungere da agente catalizzatore per la condivisione e divulgazione delle conoscenze e per la sensibilizzazione dell'opinione pubblica;
- essere sede di scambi culturali e programmatici tra amministratori, governi e studiosi nonché interlocutore privilegiato dell'UE e di altre istituzioni finanziarie e organismi internazionali;
- porre le basi per la creazione di un luogo di coordinamento e cooperazione tra tecnici e studiosi e tra questi e gli operatori pubblici e privati;
- ideare strumenti finanziari innovativi che possano permettere di superare, con scelte innovative, la scarsità di risorse pubbliche a disposizione.[70]

L'Autore seguirà con interesse gli sviluppi del progetto pilota di Meknès e del *pre-operational study* con la speranza che una più stabile e fruttuosa cooperazione in questo settore possa incidere favorevolmente sullo sviluppo concreto dei popoli del Mediterraneo e contribuire a rafforzarne le legittime aspirazioni per un un futuro migliore.

*Foto 17 - Ragazzi egiziani stesi sull'erba del dal parco dell'Al-Azar al Cairo (Egitto) sembrano guardare con fiducia al proprio futuro... (fonte: archivio dell'Arch. Gorjux)*

[70] Dall'analisi, infine, è emerso come nessuna istituzione "nazionale" italiana (se si eccettuano alcuni singoli esperti e istituti di ricerca operanti nell'orbita della Biennale di Venezia) partecipi ai processi e alle attività del programma del "Medina 2030", nonostante il "sistema Paese" abbia tutte le credenziali per poter cooperare attivamente all'iniziativa: partendo dal presupposto strategico che il Mediterraneo rappresenta un'area prioritaria per la politica estera italiana, sembra inspiegabile come il Paese, forte dell'immensa esperienza accumulata nel recupero dei centri storici e in genere nella salvaguardia del patrimonio culturale, possa risultare assente dal novero del partenariato multilaterale promotore e motore del programma.

# BIBLIOGRAFIA E SITOGRAFIA

## Bibliografia


- Aliboni R. et al., "Putting the Mediterranean Union in Perspective", 2008.
- Aliboni R. et al., "Bilancio e prospettive della cooperazione euro-mediterranea", 2010.
- Andreas M. et al., "The European Neighbourhood Policy: Foreign Policy at the EU's Periphery", 2006.
- Balbo M., "Medinas 2030 Scenarios and Strategies", 2010.
- Banca Europea degli investimenti, "Medina 2030 Conference", atti del seminario di Marsiglia (Francia), 2009.
- Banca Europea degli Investimenti, "Termini di Riferimento della gara d'appalto internazionale per l'elaborazione dello studio di fattibilità per il progetto pilota di riabilitazione della medina di Meknès", 2010.
- Banca Europea degli Investimenti, "Union for the Mediterranean - Role and Vision of the EIB", 2010.
- Banca Europea degli Investimento, comunicato stampa numero "BEI/10/127", 2010.
- Banca Europea degli Investimento, Rivista ufficiale n. 4-2008 e n. 3-2009.
- Bigio A.G. e Licciardi G., "The urban rehabilitation of Medinas - The World Bank experience in the Middle East and North Africa", 2010.
- Braudel F., "Il Mediterraneo", 1992.
- Cernea M. M., "Cultural Heritage and Development: A Framework for Action in the Middle East and North Africa", 2001.
- Comelli M. "The Challenges of the European Neighbourhood Policy", 2004.
- Comelli M. et al., "The European Neighbourhood Policy and the Southern Mediterranean: Drawing from the Lessons of Enlargement", 2009.
- Commissione Europea, "Promoting sustainable urban development in Europe - achievements and opportunities", 2009.
- Commissione Europea, "Barcelona Process: Union for the Mediterranean, Communication from the Commission to the European Parliament and the Council COM (2008) 319 (final)", 2008.
- Commissione Europea, "Comunicazione sull'Europa allargata", 2003.
- Commissione Europea, "More Funds for Vital Investment in EU's Neighbourhood", 2008.
- Commissione Europea, "Promuovere lo sviluppo urbano sostenibile in Europa", 2009.
- Commissione Europea, "Strategia per lo sviluppo del patrimonio culturale Euro-Mediterraneo: priorità 2007-2013", 2007.
- Commissione Europea, "The Barcelona Process. Five Year on: 1995-2000", 2000.
- Commissione Europea, "The urban dimension in European Union policies", 2010.


- Commissione Europea, "The urban dimension in European Union policies", 2010.

- Consiglio Europeo, "Strategia comune dell'UE per il Mediterraneo", 19 giugno 2000.
- Cremona M., "Comparing the EU's Role in Neighbourhood Conflict. Developments in EU External Relations Law", 2008.
- Fekri H., de Trafford A., Mohsen Y., "Cultural Heritage and Development in the Arab World", 2008.
- Forum Euromediterraneo degli Istituti di Scienze Economiche - FEMISE, "The Euro-Mediterranean partnership at the crossroads", 2010.
- Hanelt C. P., "Thinking about the EU's Future Neighbourhood Policy in the Middle East: From the Barcelona Process to a Euro-Middle East Partnership", 2004.
- Matvejevic P., "Breviario Mediterraneo", 1987.
- Ministero degli Affari Esteri, "La cooperazione italiana allo sviluppo nel triennio 2011-2013: linee guida e indirizzi di programmazione", 2010.
- Piccinetti V. L., "La politica mediterranea dell'Unione Europea: quali sfide e prospettive", 2004.
- Pizzigallo M., "L'Italia e l'Unione per il Mediterraneo", 2009.
- Programma "Plan Bleu", "Urban mobility and sustainable development in the Mediterranean", 2010.
- Programma delle Nazioni Unite per l'Ambiente, "State of the environment and development in the Mediterranean", 2009.
- Programma Euromed Heritage, "Rehabilitation of historic towns and urban areas", atti del seminario di Rabat (Marocco), 2009.
- Scuola Superiore Sant'Anna di Pisa, "Patrimonio Culturale e Sviluppo, Verso la formulazione di una strategia italiana", 2010.
- Trupiano G., "L'Unione per il Mediterraneo e la cooperazione tra Unione europea e paesi del Mediterraneo", 2010.
- Trupiano G. et al., "L'Unione europea e gli interventi culturali a favore dei paesi del Sud del Mediterraneo", 2005.
- Trupiano G. et al., "The Union for the Mediterranean and Cooperation between the European Union and the Mediterranean Countries", 2009.
- Unione Internazionale delle Associazioni e Organismi Tecnici - UATI, "Urban heritage enhancement in the Mediterranean", atti del seminario di Arles (Francia), 2008.
- Zumbo L., "Gli spazi di relazione delle città del Mediterraneo", 2006.

## Sitografia

(ultimo accesso a tutti i siti il 14 Febbraio 2011)

http://cooperazione.formez.it/sections/paesi-mediterraneo

http://ec.europa.eu/europeaid/where/neighbourhood/regional-cooperation/irc/inter_dialogue_en.htm

http://ec.europa.eu/europeaid/where/neighbourhood/regional-cooperation/enpi-south/annual-programmes_en.htm

http://ec.europa.eu/regional_policy/funds/2007/jjj/jessica_en.htm

http://ec.europa.eu/world//enp/pdf/country/enpi_euromed_rsp_en.pdf

http://ec.europa.eu/world/enp/pdf/com03_104_fr.pdf

http://ec.europa.eu/world/enp/policy_en.htm

http://euro-mediterranee.blogspot.com/2010/12/mediterranee-initiative-medinas-2030.html

http://europa.eu/legislation_summaries/external_relations/relations_with_third_countries/mediterranean_partner_countries/r15002_en.htm

http://it.wikipedia.org/wiki/Medina

http://geo.worldbank.org

http://go.worldbank.org/1HGXFY6EN0

http://go.worldbank.org/1JVC0DGRS0

http://go.worldbank.org/5VARHR75L0

http://go.worldbank.org/JCIVP9PIR0

http://go.worldbank.org/OED7BMST00

http://go.worldbank.org/Q8FDIP0DJ0

http://go.worldbank.org/R3LK0SGRM0

http://innovatorieuropei.wordpress.com.

www.afd.fr

www.affarinternazionali.it

www.araburban.org/AUDI/English

www.ato.net

www.avecnet.com

www.bicusa.org

www.caissedesdepots.fr

www.ces.metu.edu.tr

www.ciudad-programme.eu

www.cmimarseille.org

www.cmimarseille.org/Medinas-2030.php

www.commed-cglu.org/spip.php?page=sommaire&lang=fr

www.co-mun.net

www.comune.venezia.it/flex/cm/pages/ServeBLOB.php/L/IT/IDPagina/7588

www.cooperazioneallosviluppo.esteri.it

www.cooperazioneallosviluppo.esteri.it/pdgcs/italiano/cooperazione/Contesto.html

www.culturelab.be/en/achievements/7/editions

www.diplomatie.gouv.fr

www.eib.org

www.eib.org/projects/regions/med/index.htm

www.english.globalarabnetwork.com/201007206614/Travel/medina-in-mena-region-a-rich-cultural-heritage-suffering-a-steady-decay.html

www.enpicbcmed.eu

www.enpicbcmed.eu/en/index.php?xsl=866&s=29&v=9&c=5899&na=1&n=10

www.enpi-info.eu

www.enpi-info.eu/mainmed.php?id=19787&id_type=1

www.enpi-info.eu/mainmed.php?id=21342&id_type=1

www.enpi-info.eu/mainmed.php?id=310&id_type=10

www.euromedalex.org

www.euromedheritage.net

www.euromedi.org

www.euromedina.org

www.fedoa.unina.it/924

www.femise.org/PDF/Femise_A2010gb.pdf

www.interact-eu.net/about_us/about_us/22/19

www.ipcc.ch

www.lejmed.fr/L-AFD-deploie-365-M-EUR-en-faveur.html

www.lejmed.fr/Ph-de-Fontaine-Vive-La-culture-et.html

www.medcities.org

www.med-pact.eu

www.med-pact.eu/Subpage.aspx?pageid=244&PID=153

www.polis.unige.it/rce/sezmed/pagpro.htm

www.rcbi.info/cgi-bin/migc_preview.pl?page=1&lg=1

www.uati.info

www.ufmsecretariat.org/en

www.unesco.org

www.worldbank.org

www.ingramcontent.com/pod-product-compliance
Ingram Content Group UK Ltd.
Pitfield, Milton Keynes, MK11 3LW, UK
UKHW050613260726
13967UKWH00008B/2841

9 781291 621686